Les cahiers d'**exercices** ASSiMiL®

Espagnol

Débutants

Juan Córdoba

À propos de ce cahier

Ce cahier ne requiert aucune connaissance préalable de l'espagnol. Il ne demande pas non plus, pour son utilisation, l'aide d'un dictionnaire ou d'un autre support. Il part de zéro et vous propose, en plus de 180 exercices variés et ludiques, d'acquérir les bases de la langue : prononciation, orthographe, syntaxe du groupe nominal, du système des verbes et de la phrase.

Ce balayage grammatical systématique est envisagé à partir de situations de communication et de parole : se présenter, parler de ses goûts, situer, comparer, exprimer une pensée, un souhait, un conseil, raconter des événements passés ou se projeter dans l'avenir. Il s'appuie donc sur une découverte organisée du lexique : des « boîtes à mots » vous offrent ainsi plus de 400 termes usuels, qui vous permettront, à travers les différentes activités, de construire et de comprendre une grande variété de phrases usuelles.

Cet ouvrage est aussi un guide pour la conjugaison, qui est une des grandes difficultés de l'espagnol : elle fait l'objet d'une acquisition progressive tout au long du cahier et d'un tableau récapitulatif.

Enfin, nous vous proposons d'effectuer votre autoévaluation : après chaque exercice, dessinez l'expression de vos icônes (pour une majorité de bonnes réponses, pour environ la moitié et pour moins de la moitié). À la fin de chaque chapitre, reportez le nombre d'icônes relatives à tous les exercices et, en fin d'ouvrage, faites les comptes en reportant les icônes des fins de chapitre dans le tableau général prévu à cet effet.

Sommaire

1

Prononcer l'espagnol

Les voyelles

- Les voyelles **a**, **i**, **o** ont la même prononciation qu'en français.
- **e** se prononce [é] ; **u** se prononce [ou].
- La combinaison de **a**, **e**, **o** avec **i** et **u** ne donne pas naissance à un nouveau son comme en français. Chaque voyelle garde sa valeur : **au** [aou], **eu** [éou], etc.
- Comme en français, **y** peut être :
  - une voyelle, en position isolée : **y**, *et*, prononcé [i] ;
  - une semi-consonne, combiné avec une voyelle : yogur, *yaourt* [yogouR] ; rey, *roi* [RRéï].
- Devant **-m** ou **-n**, on marque une séparation, sans nasaliser la voyelle comme en français : **-an** [a'n]

lettres et groupes	prénom espagnol	transcription francisée
e	Pedro	[pédRo]
u	Luisa	[louissa]
au	Laura	[laouRa]
ai	Ainoha	[aïnoa]
eu	Eusebio	[éoussébio]
ei	Leire	[léïRé]
oi	Moisés	[moïsséss]
an	Antonio	[a'ntonio]
en	Enrique	[é'nRRiqué]
in	Inmaculada	[i'nmacoulada]
un	Asunta	[assou'nta]
oy	Eloy	[éloï]

1 **Voici des noms de villes espagnoles. Écrivez-les à partir de leur transcription phonétique.**

a. [ténéRifé] ....

b. [tolédo] ....

c. [lougo] ....

d. [bouRgoss] ....

e. [téRouél] ....

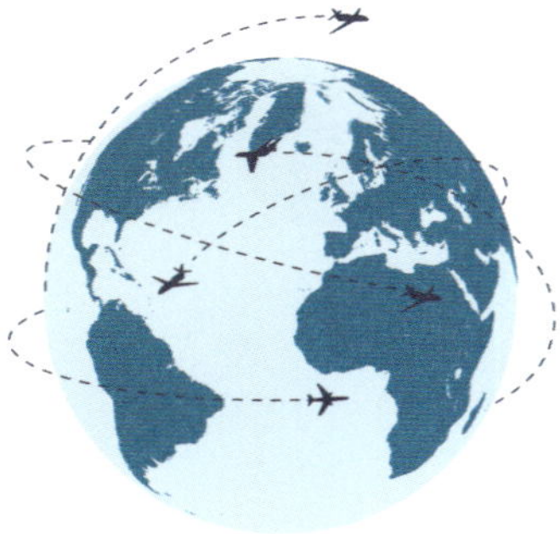

2 **Voici des noms de fleuves, villes, pays et continents : comment les prononceriez-vous ? Complétez leur transcription francisée.**

a. Australia, *Australie* [............ tRalia]

b. Loira, *Loire* [l...................... Ra]

c. Europa, *Europe* [.................. Ropa]

d. Reino Unido, *Royaume-Uni* [RR .... no .... nido]

e. Buenos Aires, *Buenos Aires* [b........... noss......... Réss]

Les consonnes (1)

En espagnol, on prononce toutes les lettres (sauf le **h**, toujours muet). Par exemple, il faudra marquer le **s** final : Luis, *Louis* [louiss].

Voici, pour le reste, un petit résumé des principales particularités orthographiques et phonétiques de l'espagnol.

lettres et groupes	prononciation	mot espagnol	transcription
ñ (la eñe)	comme un [gn] français	España	[espagna]
gn	en séparant les deux lettres	Ignacio	[ig'naZio]
ll	comme dans *million*	Mallorca	[malyoRca]
b v	pour simplifier, comme un b	Bilbao Valencia	[bilbao] [balé'nZia]
r initial rr	fortement roulés	Rafael zorro	[RRafaél] [ZoRRo]
r intérieur	faiblement roulé	Canarias	[canaRiass]
ch	comme s'il y avait un t : [tch]	macho	[matcho]
x	[ks], comme dans *axe*	examen	[éksamé'n]

3 **Comment prononce-t-on le -R dans les mots suivants ? Cochez la bonne transcription.**

	a. Rusia, *Russie*	**b.** pero, *mais*	**c.** perro, *chien*	**d.** Carlos, *Charles*	**e.** rosa, *rose*	**f.** caro, *cher*	**g.** carro, *char*
[R]							
[RR]							

4 **Comment prononce-t-on le groupe de lettres en vert dans les mots suivants ? Cochez « comme en français » ou donnez la transcription du groupe concerné.**

	Comme en français	Transcription
a. magnífico		....
b. Sevilla		....
c. Barcelona		....
d. Valladolid		....
e. sexo		....
f. chocolate		....
g. FRANCIA		....

Les consonnes (2)

Outre le **r** roulé, il y a deux « sons » de l'espagnol inconnus en français :
- **la jota** (du fond de la gorge, comme un raclement),
- **la zeta** (comme le [th] anglais de *think*, le bout de la langue entre les dents).

Dans les groupes de lettres **-gue** et **-gui**, on n'entend pas le **u** : Miguel [migué l] et non pas [migouél].

lettres et groupes	prononciation	transcription francisée
ja, jo, ju, je/ge, ji/gi	la jota	[Ha], [Ho], [Hou], [Hé], [Hi]
sa, se, si, so, su	double s	[ssa], [ssé], [ssi], [sso], [ssou]
za, zo, zu, ce, ci	la zeta	[Za], [Zo], [Zou] [Zé] [Zi]
ga, go, gu gue, gui	comme dans *gorille*, *guerre*, etc.	[ga] [go] [gou] [gué] [gui]

5 Entourez la transcription correcte.

a. guitarra, *guitare*	guitaRRa	HitaRRa	gouitaRRA
b. gitano, *gitan*	Hitano	guitano	gouitano
c. rojo, *rouge*	HoRRo	RRoHo	RRogo
d. agua, *eau*	aHoua	aga	agoua
e. jirafa, *girafe*	HiRafa	gouiRafa	guiRafa
f. ángel, *ange*	a'ngouél	a'nHél	a'nguél

6 En suivant le type de transcription phonétique donné dans les leçons, dites comment vous prononceriez les noms de villes et pays suivants.

a. Zaragoza

....

b. Cáceres

....

c. Murcia

....

d. Ecuador

....

e. Brasil

....

f. Venezuela

....

L'accent tonique

Un accent mobile

En français, la voix tombe sur la fin des mots. En espagnol, elle monte sur une syllabe, la dernière, l'avant-dernière ou même encore avant. Comparez la prononciation espagnole et « à la française » de ces quelques mots empruntés.

à la française	en espagnol
sangria	sangría
fiesta	fiesta
churro	churro
Los Angeles	Los Ángeles

Des règles orthographiques

L'anglais et l'italien sont également des langues toniques, mais l'espagnol a un avantage ! L'orthographe vous indique la place de l'accent.

- Sur les mots se terminant par **une voyelle**, **un -n** ou **un -s**, on marque l'avant-dernière syllabe : España / Islas Baleares / Carmen.
- Sur les mots se terminant par **une consonne** autre que **-n** ou **-s**, on marque la dernière syllabe : Madrid / Guadalquivir / Miguel.
- **L'accent écrit (aigu)** sert justement à signaler les mots qui n'obéissent pas à la règle : Castellón / París / Cádiz / Ángeles / José.

7 **Voici quelques noms propres dont l'accentuation est régulière. Cochez la syllabe tonique.**

a. NADAL ☐☐
b. CONTADOR ☐☐☐
c. IGLESIAS ☐☐☐
d. BELMONTE ☐☐☐
e. ESTEBAN ☐☐☐
f. INIESTA ☐☐☐

8 **Voici d'autres noms propres, mais dont l'accentuation est irrégulière. Réécrivez-les en mettant l'accent aigu sur la syllabe concernée.**

a. *Perez* ....
b. *Dali* ....
c. *Tomas* ....
d. *Martin* ....
e. *Miro* ....
f. *Sanchez* ....

9 **Écrivez dans la grille les termes correspondant à cinq états d'âme.**

Dire comment ça va

¿Qué tal?
Comment ça va ?

fenomenal
super bien

muy bien
très bien

bien
bien

regular
moyen

mal
mal

muy mal
très mal

fatal
horriblement

10 **Reportez les mots trouvés dans la bulle correspondante, en soulignant la syllabe tonique pour les mots de plus d'une syllabe.**

Hiatus et diphtongue

- **a**, **e** et **o** sont des voyelles ouvertes : lues à la suite, elles forment un hiatus : **-ea** = 2 syllabes ; **Baleares** = 4 syllabes.
- **i** et **u** sont des voyelles faibles, fermées : combinées avec une voyelle ouverte, elles forment une diphtongue : **-ua** = 1 syllabe ; **Nicaragua** = 4 syllabes.
- Si l'on veut séparer une diphtongue, il faut donc « renforcer » la voyelle faible par un accent écrit : **-ía** = 2 syllabes ; **sangría** = 3 syllabes.

Saluer et prendre congé

hola
bonjour, salut (salutation courante, pas forcément très familière)

buenos días
bonjour

buenas tardes
bonjour (début d'après-midi)

ou *bonsoir* (avant le coucher du soleil)

buenas noches
bonsoir (en soirée, s'il fait nuit)

ou *bonne nuit* (au coucher)

adiós
adieu ou *au revoir* (ne signifie pas un adieu définitif)

hasta pronto
à bientôt

hasta la próxima
à la prochaine

L'accent tonique, c'est un peu comme une note plus haute sur une portée : dans **Hola**, **ho** est plus haut que **la**.

Ho la

11 **Écrivez sous les portées a, b, c la salutation qui convient, puis représentez avec des notes les syllabes des mots, en mettant la tonique plus haut.**

a. 

_ _ _ _ _ _ _   _ _ _ _ _ _ _

b. 

_ _ _ _ _ _ _   _ _ _ _ _ _ _

c. 

_ _ _ _ _ _ _   _ _ _ _

12 **En vous aidant des « notes » de la portée, écrivez les formules d'adieu.**

a. 

_ _ _ _ _   _ _ _ _ _ _

b. 

_ _ _ _ _   _ _   _ _ _ _ _ _ _ _

c. 

_ _ _ _ _

Bravo, vous êtes venu à bout du chapitre 1 ! Il est maintenant temps de comptabiliser les icônes et de reporter le résultat en page 128 pour l'évaluation finale.

2

Accorder les mots

L'article défini

	singulier	pluriel
masculin	el niño el amigo	los niños los amigos
féminin	la niña la amiga	las niñas las amigas

- Comme en français, l'article défini peut prendre une forme contractée au masculin (**de** + **el** = **del**) : **la amiga del niño**, *l'amie du petit garçon*.
- Attention, seul le singulier est concerné : **la amiga de los niños**, *l'amie des petits garçons*.

Les proches

el amigo, la amiga
l'ami, l'amie

el chico, la chica
le garçon, la fille

el compañero, la compañera
le collègue, la collègue

el hermano, la hermana
le frère, la sœur

el niño, la niña
le petit garçon, la petite fille

el vecino, la vecina
le voisin, la voisine

1 Entourez le bon article.

a.	EL – LOS – LA	vecina	DEL – DE – DE LA	niño
b.	LOS – LAS – LA	amigas	DEL – DE LOS – DE	chicos
c.	EL – LA – LOS	compañero	DE – DEL – DE LAS	Carmen
d.	EL – LOS – LAS	hermanos	DEL – DE LAS – DE LA	vecina

L'article indéfini et l'article partitif

- L'article indéfini singulier est **un/una** : **un amigo**, *un ami*; **una amiga**, *une amie*.
- On omet l'article indéfini au pluriel : **Tengo amigos**, *J'ai des amis*.
- On n'utilise pas non plus l'article partitif (*du*, *de la*, *des*) : **Quiero vino**, *Je veux du vin*.

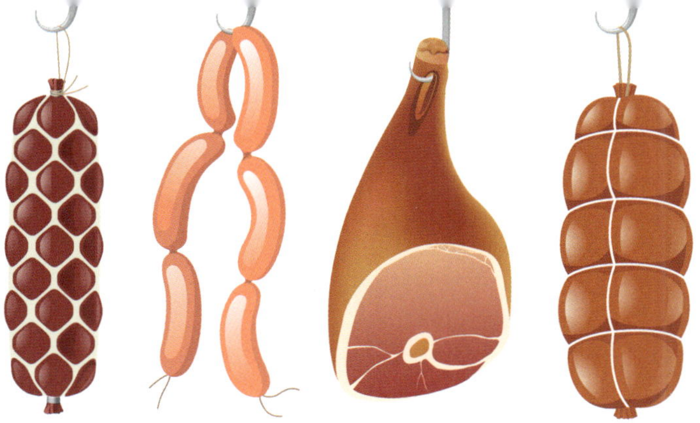

Quelques aliments

el azúcar *le sucre*	**el pan** *le pain*
el café *le café*	**el vino** *le vin*
la carne *la viande*	**el pescado** *le poisson*

2 Écrivez des phrases à partir de ce tableau. Voici les consignes : cases bleues = « je veux » / cases roses = « j'ai ». Utilisez le partitif pour les aliments (*du*, *de la*). Utilisez l'indéfini singulier ou pluriel (*un*, *une*, *des*) pour les humains représentés (voisins, amies et petit garçon).

	1	2	3
A			
B			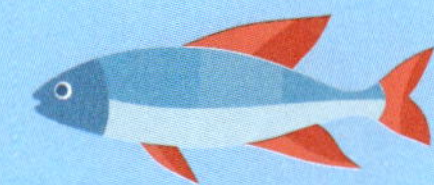
C			

A1 ....
....

A2 ....
....

A3 ....
....

B1 ....
....

B2 ....
....

B3 ....
....

C1 ....
....

C2 ....
....

C3 ....
....

Masculin et féminin

Les noms

- En général, les noms terminés en -**o** sont masculins et ceux terminés en -**a** sont féminins. Dans le cas d'êtres sexués, cette alternance est ce qui permet souvent de marquer le genre : **el hijo**, *le fils*; **la hija**, *la fille*.
- Il y a cependant des exceptions (voir ci-contre), et un grand piège : les mots courants qui ont un genre différent en français et en espagnol. Dire **la coche** au lieu de **el coche**, *la voiture*, est une faute courante pour les francophones.

Les adjectifs

- Les adjectifs en -**o** au masculin font leur féminin en -**a.**
- Les adjectifs terminés au masculin par une consonne, un -**a** ou un -**e** sont invariables en genre.

Ex : **un hijo alto**, **joven**, **deportista y alegre**, *un fils grand, jeune, sportif et joyeux*; **una hija alta**, **joven**, **deportista y alegre**, *une fille grande, jeune, sportive et joyeuse.*

Quelques mots qui trompent…

el día
le jour

el idioma
la langue

la foto
la photo

la leche
le lait

la mano
la main

la moto
la moto

el problema
le problème

la sangre
le sang

el tomate
la tomate

Les couleurs

amarillo *jaune*	**blanco** *blanc*	**naranja** *orange*	**rojo** *rouge*	**verde** *vert*
azul *bleu*	**marrón** *marron*	**negro** *noir*	**rosa** *rose*	**morado** *violet*

3 Écrivez la couleur de chaque anneau olympique.

a. ....

b. ....

c. ....

d. ....

e. ....

4 **Complétez la première phrase en indiquant la couleur, puis rédigez les suivantes sur le même modèle.**

a.  La moto es ....

b.  ....

c.  ....

d.  ....

e.  ....

f.  ....

Couples d'adjectifs

alto / bajo
petit / grand (taille)

fácil / difícil
facile / difficile

feo / guapo
laid / beau

frío / caliente
froid / chaud

joven / viejo
jeune / vieux

pequeño / grande
petit / grand

triste / alegre
triste / joyeux

Singulier et pluriel

Règle générale

Pour former le pluriel de la plupart des noms et adjectifs, on ajoute **-s** aux mots terminés en voyelle et **-es** aux mots terminés en consonne ou par un **-y** :
el amigo fiel, *l'ami fidèle* - **los amigos fieles**, *les amis fidèles*; **la mujer guapa**, *la belle femme* - **las mujeres guapas**, *les belles femmes*; **el rey alto**, *le grand roi* - **los reyes altos**, *les grands rois.*

Gare aux accents !

En passant du singulier au pluriel, il se peut que l'accent écrit apparaisse, en fonction de la règle d'accentuation que vous connaissez : **joven**, par exemple, devient **jóvenes** (car le mot s'allonge au pluriel).

Les singuliers collectifs

Un certain nombre de mots singuliers courants désignent des réalités collectives, que le français rend par un pluriel : **el equipaje**, *les bagages*; **la fruta**, *les fruits*; **la gente**, *les gens*; **la pasta**, *les pâtes*; **el pelo**, *les cheveux*; **la ropa**, *les vêtements.*

5 Transposez les phrases suivantes au pluriel (ES = est / SON = sont).

a. El rey de España es joven.

....

b. El perro es fiel.

....

c. La mano es útil.

....

d. El problema es fácil.

....

6 Dites le contraire.

a. La leche fría.

....

b. La vecina guapa.

....

c. La hermana triste.

....

d. El idioma fácil.

....

e. La mano pequeña.

....

f. El compañero alto.

....

7 Transposez les phrases suivantes au singulier.

a. Los coches de los deportistas son grandes.

....

b. Los amigos de las vecinas son guapos.

....

c. Las hijas de los vecinos son alegres.

....

d. Las motos de las mujeres son marrones.

....

8 Traduisez les phrases suivantes.

a. J'ai les cheveux noirs.

....

b. Je veux des pâtes.

....

c. Les gens sont tristes.

....

d. Je veux des fruits verts.

....

e. Les vêtements sont petits.

....

f. J'ai des bagages bleus.

....

Adjectifs de nationalité

Terminés en voyelle

- Les adjectifs se terminant en -**o** ont leur féminin en -**a** : **el compañero ruso** / **la compañera rusa**, *le (la) collègue russe.*
- Ils sont invariables en genre s'ils se terminent par une autre voyelle : **el amigo canadiense** / **la amiga canadiense**, *l'ami canadien / l'amie canadienne*
- On ajoute un -**s** au pluriel : **los jóvenes italianos**, *les jeunes Italiens.*

Terminés en consonne

- Ils portent la marque du féminin en -**a** : **un chico francés** / **una chica francesa**, *un garçon français / une fille française.*
- Au pluriel, on ajoute -**es** au masculin et -**s** à la forme féminine : **amigos franceses** / **amigas francesas**, *des ami(e)s français(es).*
- Attention à l'accent écrit, qui disparaît parfois !

9 Reliez les éléments des deux colonnes pour former des adjectifs de nationalité (masculin singulier), puis écrivez-les à côté de leur pays.

a. mexi •	• cés	Portugal : ....
b. bel •	• unidense	Alemania : ....
c. ale •	• tino	Francia : ....
d. estado •	• cano	Argentina : ....
e. fran •	• glés	Inglaterra : ....
f. portu •	• mán	Bélgica : ....
g. in •	• ga	México : ....
h. argen •	• gués	Estados Unidos : ....

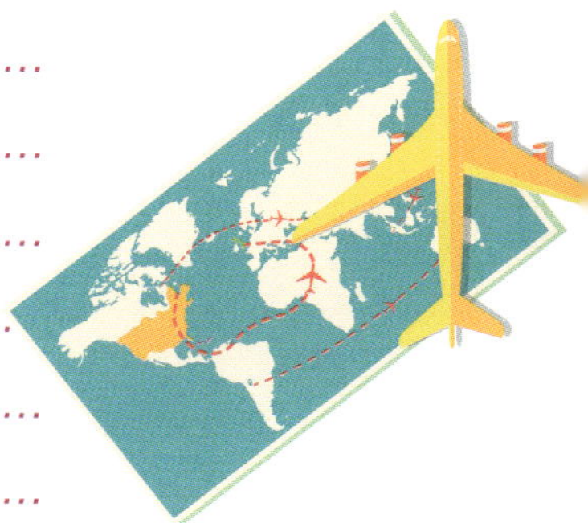

10 **Dites la nationalité de ces personnes ou groupes de personnes.**

a. Guadalupe es

....

b. François y Julie son

....

c. Hillary

....

h. Angela y Frida

....

d. Linda y Lucinda

....

f. Margareth

....

g. Diego y Eva

....

e. Jules y Théo

....

Bravo, vous êtes venu à bout du chapitre 2 ! Il est maintenant temps de comptabiliser les icônes et de reporter le résultat en page 128 pour l'évaluation finale.

3
Poser des questions et y répondre

Dire l'heure et compter jusqu'à 12

- Les questions s'ouvrent avec un point d'interrogation inversé : **¿Qué hora es?**, *Quelle heure est-il ?*
- Pour répondre, on sous-entend le mot **hora**, *heure*. On dira par exemple : **Es la una**, *Il est une heure.* **Son las dos**, *Il est deux heures.*
- Les Espagnols n'utilisent couramment que les chiffres de 1 à 12 pour dire l'heure ; il faut donc parfois préciser : **de la mañana**, *du matin*, **de la tarde**, *de l'après-midi* ou **de la noche**, *du soir* (après le coucher du soleil).
- L'heure exacte se dit **en punto**, *pile* ; les minutes au moyen de **menos**, *moins*, et **y**, *et* : **Es la una menos cuarto**, *Il est une heure moins le quart.* **Son las dos y media**, *Il est deux heures et demie.* **Son las dos menos cinco**, *Il est deux heures moins cinq.*

1 Ci-dessous se trouvent les chiffres de 0 à 12... dans le désordre ! Essayez de les reconnaître (un rien d'intuition suffit) et écrivez, pour chaque fiche de domino, la valeur de ses points.

cuatro — once — doce — ocho — TRES — uno — Nueve — Diez — siete — dos — cero — CINCO — SEIS

a. ....
b. ....
c. ....
d. ....
e. ....
f. ....
g. ....
h. ....
i. ....
j. ....
k. ....
l. ....
m. ....

2 Écrivez l'heure indiquée sur les horloges, en précisant le moment de la journée.

a. 

....

d. 

....

b. 

....

e. 

....

c. 

....

f. 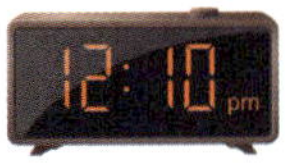

....

Demander l'âge et compter jusqu'à 100

L'âge

- Pour parler de l'âge, on utilise le verbe **tener**, *avoir*, dont voici la conjugaison :

tengo	*j'ai*
tienes	*tu as*
tiene	*il/elle a*
tenemos	*nous avons*
tenéis	*vous avez*
tienen	*ils/elles ont*

- Vous pouvez demander : **¿Qué edad tienes?**, *Quel âge as-tu ?* ou **¿Cuántos años tienes?**, ce qui signifie mot pour mot : *Combien d'années as-tu ?* On répond par : **Tengo x años**, *J'ai x ans*.
- On peut bien sûr vouvoyer : on utilise dans ce cas le pronom personnel **usted**, *vous*, et la 3ᵉ personne du verbe : **¿Qué edad tiene usted?**, *Quel âge avez-vous ?* **¿Cuántos años tiene usted?**
- Le pronom personnel sujet n'est pas obligatoire devant le verbe. Il exprime un renforcement : **Tengo**..., *J'ai*..., **Yo tengo**, *Moi, j'ai*...

Les nombres jusqu'à 100

- Entre 16 et 29, ils s'écrivent en un seul mot : **dieciséis** (16), **diecisiete** (17)... **veintinueve** (29).
- À partir de 31, il faut trois mots : **treinta y uno** (31), etc.

Les dizaines de 40 à 100

cuarenta *quarante*	**sesenta** *soixante*	**ochenta** *quatre-vingts*	**cien** *cent*
cincuenta *cinquante*	**setenta** *soixante-dix*	**noventa** *quatre-vingt-dix*	

3 Complétez la liste des nombres de 13 à 36.

trece
catorce
quince
dieciséis
diecisiete
....
....
veinte

veintiuno
veintidós
veintitrés
....
....
veintiséis
....
....

veintinueve
treinta
treinta y uno
treinta y dos
....
....
....
treinta y seis

4 Complétez cette grille pour que la somme des quatre chiffres (en colonne, en ligne et sur les deux grandes diagonales) fasse toujours 100 (CIEN).

diez	....	....	dieciséis
....	veinte	veintidós	....
veinticuatro	....	....	dieciocho
treinta y cuatro	....	doce	....

5 Écrivez en espagnol le nom de l'opération arithmétique concernée : MÁS (+) / MENOS (-) / POR (x) / ENTRE (:).

a. setenta y cinco .... tres son veinticinco

b. noventa y tres .... veintiséis son sesenta y siete

c. cuarenta y dos .... dos son ochenta y cuatro

d. veintinueve .... veintisiete son cincuenta y seis

6 **Complétez ces mini-dialogues, en écrivant les âges en toutes lettres.**

a. ¿Qué .... tienes?

b. [54]
....

c. ¿Cuántos .... tenéis?

d. [12]
....

7 **Même exercice, au vouvoiement.**

a. ¿ .... edad .... usted?

b. [29]
....

c. ¿................. años .... ustedes?

d. [77]
....

Poser des questions sur l'identité

Les mots interrogatifs

- Vous avez remarqué que ces mots portent toujours un accent écrit. En voici deux autres : **¿Cómo?**, *Comment ?* et **¿Cuál?**, *Quel ?*, *Quelle ?*

Un verbe pronominal

- Dans **llamarse**, *s'appeler*, le pronom personnel réfléchi fait partie de la forme verbale : **Me llamo**, *Je m'appelle* / **Yo me llamo**, *Moi, je m'appelle.*
- Voyons la conjugaison de ce verbe, qui fait partie des modèles réguliers en **-ar** :

me llamo	*je m'appelle*
te llamas	*tu t'appelles*
se llama	*il/elle s'appelle*
nos llamamos	*nous nous appelons*
os llamáis	*vous vous appelez*
se llaman	*ils/elles s'appellent*

- Ne confondez pas : **¿Cómo se llama usted?**, *Comment vous appelez-vous ?* (vouvoiement de politesse au singulier) et **¿Cómo os llamáis?**, *Comment vous appelez-vous ?* (2e personne du pluriel : un groupe de personnes que, chacune prise à part, vous tutoyez).

Les possessifs

- Les possessifs **mi**, **tu**, **su** valent pour le masculin et le féminin : **mi amigo**, *mon ami* ; **mi amiga**, *mon amie.* **Tu hermano**, *ton frère* ; **tu hermana**, *ta sœur.* **Su hijo**, *son fils* ; **su hija**, *sa fille.*
- On ajoute un **-s** s'il y a plusieurs objets possédés : **mis perros**, *mes chiens.*

Renseigner son identité

arroba *arobase*	**el correo** *le courrier*	**el nombre** *le prénom*	**punto** *point*
el apellido *le nom de famille*	**la dirección** *l'adresse*	**el número** *le numéro*	**el teléfono** *le téléphone*

8 **Collés à la suite, voici les éléments de deux adresses électroniques telles que vous les entendriez. Réécrivez-les en séparant les mots et en donnant aux adresses leur format normal.**

a. jotapuntocordobaarrobagmailpuntocom

....

b. cordobacincuentaysietepuntojotaarrobatelefonicapuntoes

....

9 **Il n'y a pas vraiment de norme établie pour la lecture des numéros de téléphone. Écrivez en toutes lettres les numéros suivants en détachant le premier chiffre (ex. 9, ou 6) et groupant les suivants par dizaines.**

a. 950235677 ....

b. 683314410..

c. 902855990 ....

10 **Posez les questions qui conviennent et répondez (un segment de points = un mot).**

a.  **b.** 

a. ¿Cómo ....?

b. .... Gloria.

c.  **d.** 

c. ¿Cómo ....?

d. .... Isabel y Fernando.

e.  **f.** 

e. ¿Cómo ....?

f. .... Belén Pellicer.

g.  **h.** 

g. ¿Cómo .... perros?

h. ...... perros .... Loco y Atila.

II En utilisant les éléments fournis, posez les questions correspondant aux réponses données.

a. - ¿ .... ?
- Andrés

b. - ¿ .... ?
- Iniesta

c. - ¿ .... ?
- a.iniesta@telefonica.net

d. - ¿ .... ?
- 655846570

DIRECCIÓN

nombre apellido

¿Cuál es tu...?

número de teléfono

de correo

Poser des questions sur l'origine

Le verbe ser

- **Ser**, *être*, exprime l'identité (**Soy Juan**, **soy español**, *Je suis Juan, je suis espagnol*) et l'origine (**Soy de Sevilla**, *Je suis de Séville*).

soy	*je suis*
eres	*tu es*
es	*il/elle est*
somos	*nous sommes*
sois	*vous êtes*
son	*ils/elles sont*

Les mots interrogatifs et la négation

- Voici un nouvel adverbe interrogatif : **¿Dónde?**, *Où ?* et donc **¿De dónde?**, *D'où ?*, pour interroger sur l'origine.
- **Sí** signifie *oui*, et **no** signifie *non*.
- Retenez que **no** signifie également *ne... pas* : il suffit de le placer devant un verbe pour former une phrase négative : **No soy francés**, *Je ne suis pas français*. Rien ne vous empêche de dire **No, no soy francés**, *Non, je ne suis pas français*.

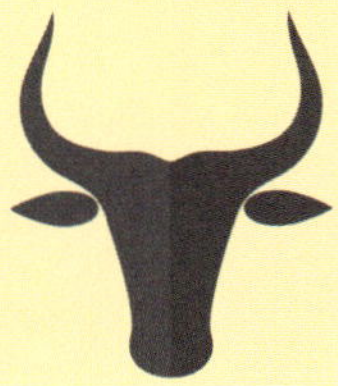

Quelques gentilés régionaux

andaluz
andalou

catalán
catalan

valenciano
valencien

gallego
galicien

vasco
basque

navarro
navarrais

extremeño
habitant d'Extrémadure

12 **Si vous demandez à un Espagnol d'où il est, il vous répondra par exemple : Soy asturiano, *Je suis asturien*, ou Soy de Oviedo, *Je suis d'Oviedo*. Sur ce modèle, et en vous aidant de la carte des 17 communautés autonomes, complétez ces échanges (chaque segment de points correspond à un mot).**

a. ¿De .... eres?
.... andaluz.
.... Sevilla.

b. ¿ .... usted ....?
Sí, ... catalana.
.... de ....

c. ¿Es .... gallega?
No, no ....
.... Mérida, soy ....

d. ¿ .... eres?
Soy ....
.... Bilbao.

13 **Même consigne, au masculin pluriel.**

a. ¿ ....?
Sí, ...
Somos de Pamplona.

14 **Même consigne, au féminin pluriel.**

a. ¿De ....?
Somos ....
.... Valencia.

Bravo, vous êtes venu à bout du chapitre 3 ! Il est maintenant temps de comptabiliser les icônes et de reporter le résultat en page 128 pour l'évaluation finale.

4

Présenter une personne

Quelques usages des pronoms personnels

- Devant un verbe, le pronom personnel sujet a, comme vous le savez, une fonction d'insistance : **Yo soy español**, *Moi, je suis espagnol.*
- On s'en sert aussi pour s'identifier ou identifier quelqu'un : **¿Quién es?**, *Qui c'est ?* **Soy yo**, *C'est moi* ; **Eres tú**, *C'est toi* ; **Es él**, *C'est lui*, etc.
- Il joue également un rôle dans les présentations, où il équivaut à notre *voici* : **Él es mi hermano**, *Voici mon frère.* **Ella es Carmen**, *Voici Carmen.*
- Contrairement au français, il existe des formes féminines du pronom aux deux premières personnes du pluriel, nous et vous.

Les pronoms personnels

yo *je, moi*	**nosotras** *nous (fém.)*
tú *tu, toi*	**vosotros** *vous (masc.)*
él *il, lui*	**vosotras** *vous (fém.)*
ella *elle*	**ellos** *ils, eux*
nosotros *nous (masc.)*	**ellas** *elles*

Les membres de la famille

el padre *le père*	**el abuelo** *le grand-père*
la madre *la mère*	**la abuela** *la grand-mère*
los padres *les parents*	**los abuelos** *les grands-parents*

1 **Dans les bulles suivantes, on s'identifie ou on identifie quelqu'un. Complétez-les.**

a. ¡Soy ....! **b.** ¡.................... nosotras! **c.** ¿Sois .... ?

d. ¿Eres .... ? **e.** ¿........................usted? **f.** ¡............................ellos!

2 **Complétez la bulle de présentation du petit Manolito.**

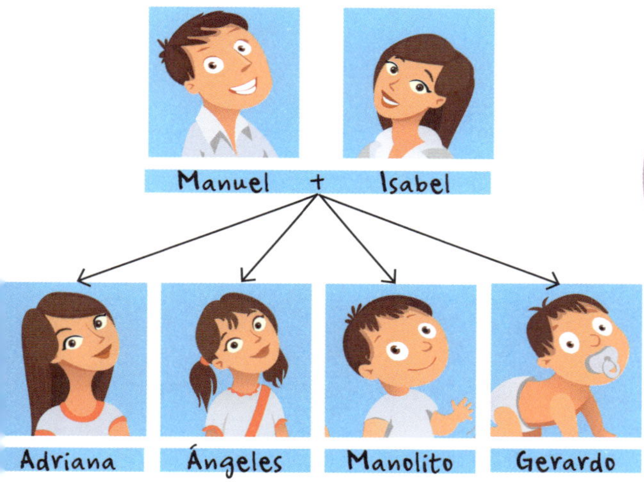

Hola, ... Manolito.
.... es mi ....,
se llama Manuel, y ....
es mi ...., Isabel. ....
....
dos hermanas, Adriana y Ángeles.
Y ....
.... pequeño, Gerardo.

Portraits physiques

- Vous avez vu dans les leçons précédentes quelques éléments de la description physique. Maintenant, complétons-les (grâce à la banque de mots qui suit).
- Le verbe **ser** permet ici de former la plupart des phrases : **Es joven**, *Il est jeune.* **Es morena**, *Elle est brune.*
- Notez aussi **tener**, pour des phrases du type : **Tiene gafas, barba y bigote**, *Il a des lunettes, de la barbe et de la moustache.* **Tiene el pelo largo**, *Il a les cheveux longs.*

Décrire une personne

la barba *la barbe*	**fuerte** *fort*	**los ojos** *les yeux*
el bigote *la moustache*	**las gafas** *les lunettes*	**las orejas** *les oreilles*
castaño *châtain*	**largo** *long*	**pelirrojo** *roux*
corto *court*	**moreno** *brun*	**rubio** *blond*
delgado *maigre, mince*	**la nariz** *le nez*	

3 Entourez dans la grille 5 mots désignant des parties du corps et 4 mots désignant des couleurs de cheveux.

C	M	C	A	S	T	A	Ñ	O
U	O	Á	N	T	A	O	S	H
O	R	E	J	A	E	J	R	M
P	E	L	I	R	R	O	J	O
A	N	N	A	U	S	T	P	I
E	O	N	E	B	M	A	E	N
O	N	A	R	I	Z	L	L	I
T	B	I	G	O	T	E	O	O

4 Les lettres restantes forment une question. Écrivez-la et répondez-y.

¿ ....?

....

5 **Complétez les phrases, en relevant les ressemblances entre les membres de cette famille (1 segment de points = 1 mot).**

a. Paco es .... como su padre.

b. Soledad es .... como su madre.

c. Paco es .... y .... como su madre.

d. Soledad es .... y .... como su padre.

e. Paco y Soledad tienen .... como sus abuelos.

f. Paco y Soledad tienen los .... como sus padres.

g. El abuelo y el padre tienen ....

h. Soledad tiene el .... como su madre.

Le travail et les professions

- Le verbe *travailler* se dit **trabajar** ; en voici la conjugaison :

trabajo	*je travaille*
trabajas	*tu travailles*
trabaja	*il/elle travaille*
trabajamos	*nous travaillons*
trabajáis	*vous travaillez*
trabajan	*ils/elles travaillent*

- Il existe trois questions pour interroger quelqu'un sur son travail : **¿En qué trabajas?**, *Dans quoi travailles-tu ?* **¿A qué te dedicas?**, *Que fais-tu dans la vie ?* Mot à mot : *à quoi te consacres-tu ?* (verbe **dedicarse**, conjugué comme **llamarse**). **¿Cuál es tu profesión?**, *Quelle est ta profession ?*
- Pour vouvoyer, vous utilisez la 3ᵉ personne : **¿En qué trabaja usted?** ; **¿A qué se dedica usted?** ; **¿Cuál es su profesión?**
- Les professions dont le nom se termine en -**ista** et -**ante** ont la même forme aux deux genres : **Isabel es periodista**, *Isabel est journaliste.* **Paco es taxista**, *Paco est chauffeur de taxi.*
- Les professions terminées en -**or** ont généralement un féminin en -**ora** : **profesor/profesora**.

Les professions

cantante *chanteur*	**escritor** *écrivain*	**dentista** *dentiste*	**pintor** *peintre*
carnicero *boucher*	**estudiante** *étudiant*	**panadero** *boulanger*	**abogado** *avocat*

6 Vous interrogez ces personnes (tutoiement) et elles vous répondent. Complétez les dialogues.

a. ¿En qué ....?
....

b. ¿Cuál ....?
....

7 Même exercice, mais en vouvoyant.

a. ¿Cuál ....?
....

b. ¿A qué..........................?
....

Le lieu de résidence

- Pour parler du lieu de résidence, on utilise le verbe **vivir**, dont la conjugaison sert de modèle pour le groupe des verbes réguliers en **-ir** :

vivo	*je vis*
vives	*tu vis*
vive	*il/elle vit*
vivimos	*nous vivons*
vivís	*vous vivez*
viven	*ils/elles vivent*

- La question est : **¿Dónde vives?**, *Où vis-tu ? / Où habites-tu ?*

- La préposition qui désigne le lieu où l'on se trouve, sans idée de mouvement, est toujours **en**, quel que soit l'équivalent français : **Vivo en España**, *Je vis en Espagne*. **Vivo en Sevilla**, *Je vis à Séville*. **Vivo en una ciudad**, *Je vis dans une ville*.

- La question peut aussi concerner l'adresse : **¿Cuál es tu dirección?**, *Quelle est ton adresse ?*

- Lorsque vous écrivez une adresse, **Calle**, *rue*, s'abrège souvent en **C/**. On place alors le numéro après le nom de la voie : **C/ San Miguel 17**. À l'oral, un usage elliptique courant consiste à ne garder que l'essentiel ; par exemple, dans le film *Mujeres al borde de un ataque de nervios*, de Pedro Almodóvar, l'actrice, sautant dans un taxi, dit simplement : « **Almagro 38** » (*38, rue Almagro*).

8 Traduisez ces phrases (celui qui pose les questions vouvoie).

a. Où habitez-vous, Carmen ?

....

b. Quelle est votre adresse ?

....

9 Même exercice, mais les personnes se tutoient.

a. Vous vivez au Mexique ?

....

b. Non, nous vivons en France, à Paris.

....

10 Traduisez ces phrases.

a. À quel numéro de la rue Almagro habites-tu ?

....

b. J'habite au 25.

....

Les langues parlées, lues, écrites

- Vous pouvez demander : **¿Cuántos idiomas hablas?**, *Combien de langues parles-tu ?* **¿Qué idiomas hablas?**, *Quelles langues parles-tu ?*
- Les noms de nationalités vous servent pour les noms de langues : **francés**, **inglés**, **alemán**, etc.
- Vous pouvez aussi réutiliser les mots qui disent comment on va. **¿Qué tal hablas el inglés?**, *Comment parles-tu l'anglais ?* **Lo hablo muy bien**, *Je le parle très bien.* **Lo escribo bien, pero lo hablo regular**, *Je l'écris bien, mais je le parle moyennement.*
- Découvrons le dernier modèle de conjugaison régulière : celui des verbes en -**er** (**comer**, *manger* ; **beber**, *boire* ; **leer**, *lire*) :

leo	*je lis*
lees	*tu lis*
lee	*il/elle lit*
leemos	*nous lisons*
leéis	*vous lisez*
leen	*ils/elles lisent*

11 Rédigez (en vouvoyant) les questions correspondant à ces réponses.

a. ¿...? Hablo inglés y francés.

b. ¿... el inglés? Lo leo regular.

c. ¿.................................. el francés? Lo escribo muy bien.

12 Reprenez les dialogues de l'exercice précédent, mais maintenant on pose la question à deux personnes (rapport de tutoiement).

a. ....

b. ....

c. ....

13 Ces personnes disent leurs compétences (lire, parler, écrire) en anglais, russe et portugais :
- servez-vous des 7 mots appris au chapitre 1 pour les qualifier (super bien, très bien, etc.) ;
- rédigez les phrases correspondantes en reliant leurs éléments par PERO, mais (« Je parle l'anglais, mais je le ... ») et Y.

a.	b.	c. ....
pero	y	pero ....
		y ....

Bravo, vous êtes venu à bout du chapitre 4 ! Il est maintenant temps de comptabiliser les icônes et de reporter le résultat en page 128 pour l'évaluation finale.

5

Parler des goûts, des caractères et des humeurs

Exprimer ses goûts

- Pour dire *J'aime Madrid* ou *J'aime les tomates*, l'Espagnol dit littéralement : *Me plaît Madrid, Me plaisent les tomates*. Il utilise le verbe **gustar**, *plaire*, et un pronom indirect : **Me gusta Madrid**, **Me gustan los tomates**.
- Sur le même principe, vous pouvez dire : **Nos encanta España**, *Nous adorons l'Espagne* (*Nous enchante l'Espagne*), ou **Le horrorizan sus vecinos**, *Il a horreur de ses voisins* (*L'horrifient ses voisins*).
- Pour préciser ou insister, on se sert de la préposition **a** : **A mi hermana no le gusta la carne**, *Ma sœur n'aime pas la viande*.
- Attention à certaines formes du pronom employé après une préposition.
- Voici un récapitulatif des pronoms personnels utilisés :

les pronoms personnels	
après préposition	**indirects**
a mí, *à moi*	**me**, *me*
a ti, *à toi*	**te**, *te*
a él/ella, *à lui/elle*	**le**, *lui*
a usted, *à vous*	**le**, *vous*
a nosotros/as, *à nous*	**nos**, *nous*
a vosotros/as, *à vous*	**os**, *vous*
a ellos/ellas, *à eux/elles*	**les**, *leur*

Les fruits et les fruits secs

el albaricoque
l'abricot

la ciruela
la prune

la fresa
la fraise

el limón
le citron

el mango
la mangue

la manzana
la pomme

el melocotón
la pêche

el melón
le melon

la naranja
l'orange

la pera
la poire

la piña
l'ananas

el plátano
la banane

la uva
le raisin

el aguacate
l'avocat

la almendra
l'amande

la avellana
la noisette

la cereza
la cerise

el coco
la noix de coco

el kiwi
le kiwi

la sandía
la pastèque

1 **Rédigez cinq phrases à partir du tableau. Modèle : « Pablo adore les pommes et aime les bananes, mais il n'aime pas le melon et il a horreur de l'ananas. » NB : mettez le nom des fruits au pluriel lorsqu'il y en a plusieurs et au singulier quand il n'y en a qu'un.**

PABLO				
MIS HIJOS				
YO				
NOSOTROS				
TÚ				

a. A Pablo ....

....

b. A mis hijos ....

....

c. A ....

....

d. A ....

....

e. A ....

....

2 Traduisez ces phrases (il s'agit d'un vouvoiement au singulier).

a. Aimez-vous le vin ? ....

b. Aimez-vous les chiens ? ....

c. Vous adorez le café. ....

d. Vous avez horreur du sucre. ....

3 Traduisez ces phrases (il s'agit d'un tutoiement au pluriel).

a. Aimez-vous le pain ? ....

b. Aimez-vous mes lunettes ? ....

c. Vous n'aimez pas mes parents. ....

d. Vous adorez lire. ....

Exprimer une réaction

- De nombreuses locutions à valeur affective se construisent comme **gustar** : un verbe à la 3e personne accompagné d'un pronom personnel indirect. C'est aussi parfois le cas en français (*ça me donne faim*, *ça me donne soif*) ; **dar**, *donner*, permet précisément d'exprimer en espagnol tout un éventail de réactions.

me da asco, *ça me dégoûte*

me da miedo, *ça me fait peur*

me da pena, *ça me fait de la peine*

me da pereza, *j'ai la flemme*

me da vergüenza, *j'ai honte*

me da gusto, *ça me fait plaisir*

- Comme pour **gustar**, le pronom personnel indirect indique la personne qui éprouve le sentiment et le verbe **dar** s'accorde avec le sujet : **Me da asco la carne**, *La viande me dégoûte.* **Le dan miedo los animales**, *Il a peur des animaux.*

4 Introduisez l'une des six locutions apprises qui convient à chaque phrase.

a. Me .... los perros grandes.

b. ¿No te .... las cucarachas?

c. Le .... los animales del zoológico.

d. Nos .... tener amigos.

e. ¿No os.................................... tener el pelo largo?

f. Les .... trabajar.

5 Traduisez les six phrases obtenues dans l'exercice précédent.

a. ....

b. ....

c. ....

d. ....

e. ....

f. ....

Le caractère et l'humeur

L'espagnol considère qu'il existe deux manières d'« être », et qu'il faut deux verbes différents pour dire *je suis médecin* et *je suis malade*.

- D'un côté, il y a le verbe **ser**, que vous connaissez. Il exprime ce qui est essentiel : la forme, l'identité et tout ce qui s'y rapporte (profession, aspect physique, nationalité, origine). On dira donc : **Soy médico**.
- De l'autre, voici le verbe **estar**, qui permet d'exprimer ce qui a trait au devenir, aux circonstances (l'état d'âme, l'état de santé, l'humeur). On dira ainsi : **Estoy enfermo**. Voici sa conjugaison au présent :

estoy	*je suis*
estás	*tu es*
está	*il/elle est*
estamos	*nous sommes*
estáis	*vous êtes*
están	*ils/elles sont*

- Tout cela s'applique directement aux portraits psychologiques. Si vous envisagez un trait de caractère de la personne, c'est **ser** : **Es tonto**, *Il est bête.*
- S'il est par contre question d'un état circonstanciel, c'est **estar** : **Está cansado**, *Il est fatigué.*

Les oppositions de caractère

bueno *gentil*	**listo** *intelligent*	**serio** *sérieux*	**valiente** *courageux*
cobarde *lâche*	**malo** *méchant*	**trabajador** *travailleur*	**en cambio** *en revanche*
divertido *drôle*	**perezoso** *paresseux*	**tonto** *bête*	**mientras que** *tandis que*

6 **Les personnages suivants incarnent des traits de caractère opposés. Prenez un moment pour mémoriser les adjectifs de la boîte à mots, puis complétez les phrases.**

a. Lucía ...., mientras que Teresa es tonta.

b. María es buena. En cambio, Esperanza ....

c. Nicolás ...., mientras que Paco es serio.

d. Miguel .... Jaime, en cambio, es cobarde.

e. Cecilia es perezosa, mientras que Juan ....

7 **On peut retenir les mots mécaniquement, mais la plupart du temps votre « intuition linguistique » vous aide. Testez-la ! Associez chaque puce rose à une puce bleue et écrivez vous-même les traductions espagnoles.**

can •	• cionado	**a.** .... : *furieux*
con •	• cupado	**b.** .... : *malade*
decep •	• fermo	**c.** .... : *pensif*
enamo •	• oso	**d.** .... : *inquiet*
en •	• prendido	**e.** .... : *fatigué*
furi •	• rado	**f.** .... : *surpris*
pensa •	• sado	**g.** .... : *déçu*
preo •	• tento	**h.** .... : *content*
sor •	• tivo	**i.** .... : *amoureux*

8 Traduisez les phrases suivantes.

a. Nous sommes inquiètes. ....

b. Tu es furieux. ....

c. Ils sont pensifs. ....

d. Êtes-vous déçu ? ....

e. Êtes-vous surprises ? ....

9 Il reste quatre états d'âme à réutiliser de l'exercice 7. Identifiez-les grâce aux pictogrammes et rédigez les dialogues. Modèle : « Est-ce que tu es... ? » « Est-ce que vous êtes... ? » / « Non, je suis... », « Non, nous sommes... »

a. ¿ ....?

No, ...

No, ...

b. ¿ ....?

Bravo, vous êtes venu à bout du chapitre 5 ! Il est maintenant temps de comptabiliser les icônes et de reporter le résultat en page 128 pour l'évaluation finale.

6

Le verbe et l'action (1)

Les routines journalières

- Le radical de certains verbes (dits à diphtongue) se modifie au présent de l'indicatif : -**o** devient -**ue** (**dormir**, *dormir* ; **duermo**, *je dors*), -**e** devient -**ie** (**despertarse**, *se réveiller* ; **me despierto**, *je me réveille*).
- Cette diphtongaison ne concerne pas les deux premières personnes du pluriel. Nous avons le même phénomène en français (je tiens, tu tiens, il tient, nous tenons, vous tenez, ils tiennent). Ces verbes seront signalés par un astérisque.

- **Dormir**

duermo	*je dors*
duermes	*tu dors*
duerme	*il/elle dort*
dormimos	*nous dormons*
dormís	*vous dormez*
duermen	*ils/elles dorment*

- **Despertarse**

me despierto	*je me réveille*
te despiertas	*tu te réveilles*
se despierta	*il/elle se réveille*
nos despertamos	*nous nous réveillons*
os despertáis	*vous vous réveillez*
se despiertan	*ils/elles se réveillent*

Horaires et activités

acostarse*
se coucher

cenar
dîner

comer
manger, déjeuner

desayunar
prendre le petit déjeuner

despertarse*
se réveiller

dormir*
dormir

dormirse*
s'endormir

por la mañana
le matin

por la noche
la nuit

por la tarde
le soir

1 Remettez dans l'ordre les questions et les réponses.

DESPIERTAS LA ? TE ¿ MAÑANA QUÉ A POR HORA

menos las a ocho me despierto cuarto

a. ....

b. ....

NOCHE QUÉ a ? USTED ACUESTA ¿ LA HORA POR SE

a acuesto doce las media y me

c. ....

d. ....

2 Traduisez les phrases suivantes.

a. Combien d'heures dors-tu ?

....

b. À quelle heure t'endors-tu ?

....

3 Associez les éléments des trois colonnes et écrivez six phrases complètes (avec l'heure en toutes lettres), classées dans l'ordre de déroulement d'une journée.

co •	• tamos •	• 08:00	a. ....
os dor •	• nan •	• 13:45	b. ....
ce •	• mes •	• 22:30	c. ....
nos desper •	• yuno •	• 07:15	d. ....
desa •	• ta •	• 23:45	e. ....
se acues •	• mís •	• 00:00	f. ....

Les déplacements quotidiens

Verbes en -go

- **Salir**, *sortir*, et **venir**, *venir*, ont une 1re personne en **-go**. Pour le reste, **salir** suit le modèle de **vivir**, et **venir** se comporte comme un verbe à diphtongue.

Salir

salgo	*je sors*
sales	*tu sors*
sale	*il/elle sort*
salimos	*nous sortons*
salís	*vous sortez*
salen	*ils/elles sortent*

Venir

vengo	*je viens*
vienes	*tu viens*
viene	*il/elle vient*
venimos	*nous venons*
venís	*vous venez*
vienen	*ils/elles viennent*

Le verbe ir, *aller*

- En tant que verbe de mouvement, il est suivi de la préposition **a**, devant un nom et devant un verbe : **Voy a España**, *Je vais en Espagne.* **Voy a comer**, *Je vais manger.*

Ir

voy	*je vais*
vas	*tu vas*
va	*il/elle va*
vamos	*nous allons*
vais	*vous allez*
van	*ils/elles vont*

Prépositions spatiales

- **a** + **el** se contracte en **al** : **Voy al cine**, *Je vais au cinéma.*
- **casa**, *maison*, se construit sans article dans : **en casa**, *à la maison* (sans mouvement) / **a casa**, *à la maison* (avec mouvement) / **de casa**, *de la maison*.

La question « où »

- L'adverbe interrogatif **¿Dónde?** devient **¿Adónde?** s'il porte sur une direction : **¿Adónde vas?**, *Où vas-tu ?*

Activités et lieux de travail

el alumno *l'élève*	**la fábrica** *l'usine*	**el obrero** *l'ouvrier*	**el trabajo** *le travail*
el empleado *l'employé*	**el instituto** *le lycée*	**la oficina** *le bureau*	**volver*** *revenir*

4 Complétez ces échanges, au tutoiement, en utilisant les verbes **IR**, **SALIR** et **VOLVER**.

a. ¿ ....?

b. .... a la fábrica.

c. ¿...?

d. .... de casa a las ocho.

e. ¿...?

f. .... a casa a las siete.

5 Reformulez les échanges précédents au vouvoiement, en les adaptant à l'activité exercée illustrée ci-contre.

a. ¿ ....?

b. ....

c. ¿.. de casa?

d. .... a las nueve.

e. ¿..?

f. .... a casa a las seis.

6 Reformulez les échanges précédents au tutoiement pluriel, en les adaptant à l'activité illustrée ci-contre.

a. ¿ ....?

b. ....

c. ¿..?

d. .... de casa a las diez.

e. ¿..?

f. .... a casa a las cinco.

7 Traduisez ces phrases.

a. Qui suis-je ? ....

b. D'où viens-je ? ....

c. Où vais-je ? ....

8 Transposez au pluriel les phrases de l'exercice précédent.

a. ....

b. ....

c. ....

Quelques actions simples

Autres irréguliers

- **Hacer**, *faire*, **ver**, *voir*, et **dar**, *donner* présentent eux aussi des irrégularités à la 1re personne du singulier du présent. **Hacer** est un verbe en -**go** : **hago**, *je fais*. **Ver** fait **veo**, *je vois*. **Dar** fait **doy**, *je donne*.
- Le reste de la conjugaison de ces verbes est conforme à leur modèle.

Hacer

hago	*je fais*
haces	*tu fais*
hace	*il/elle fait*
hacemos	*nous faisons*
hacéis	*vous faites*
hacen	*ils/elles font*

Ver

veo	*je vois*
ves	*tu vois*
ve	*il/elle voit*
vemos	*nous voyons*
veis	*vous voyez*
ven	*ils/elles voient*

Dar

doy	*je donne*
das	*tu donnes*
da	*il/elle donne*
damos	*nous donnons*
dais	*vous donnez*
dan	*ils/elles donnent*

Le complément d'objet

- Lorsque le complément d'objet direct représente une personne, il est précédé de la préposition **a** : **Veo la tele**, *Je regarde la télé.* **Veo a un amigo**, *Je vois un ami.*
- Ne pas confondre avec le complément d'objet indirect : **Doy la mano a mis amigos**, *Je donne la main à mes amis.*
- Le pronom personnel COD ne se distingue du COI qu'à la 3e personne :
  - COD : **Lo (la) veo**, *Je le (la) vois* ; **Los (las) veo**, *Je les vois* (masc. et fém.).
  - COI : **Le (les) hablo**, *Je lui (leur) parle.*

9 **Cochez la bonne case.**

a. Veo...
- ☐ el carnicero.
- ☐ al carnicero.

b. Hago...
- ☐ mi trabajo.
- ☐ a mi trabajo.

c. Leo...
- ☐ un escritor español.
- ☐ a un escritor español.

d. Doy...
- ☐ mi número de teléfono.
- ☐ a mi número de teléfono.

10 **Reformulez la phrase en remplaçant le fragment souligné par un pronom personnel complément.**

a. Doy café a mis amigos. ....doy café.

b. Veo la tele. .... veo.

c. Me da su perro. Me .... da.

d. Doy mi perro a un amigo. .... doy mi perro.

L'action en train de se faire

Valeurs du présent

- Les valeurs du présent de l'indicatif sont pratiquement les mêmes en français et en espagnol. Le présent exprime par exemple une vérité générale ou une habitude. **Los plátanos son amarillos**, *Les bananes sont jaunes.* **Me acuesto a las once**, *Je me couche à onze heures.*

La forme progressive

- Comme l'anglais, l'espagnol utilise beaucoup la forme progressive pour rendre compte des actions en cours. On la construit avec le verbe **estar** suivi du gérondif invariable.
- Il y a deux terminaisons pour le gérondif régulier : en -**ando** pour les verbes en -**ar** ; en -**iendo** pour les verbes en -**er** et en -**ir** : **Estoy hablando**, *Je suis en train de parler.* **Estás comiendo**, *Tu es en train de manger.* **Está saliendo**, *Il est en train de sortir.*
- Il y a plusieurs irrégularités. Retenez déjà **durmiendo**, *en dormant*, et **leyendo**, *en lisant*.
- Règle : on ne peut pas placer un pronom personnel directement devant un gérondif. On le met devant le verbe conjugué : **Me está llamando**, *Il est en train de m'appeler.*

11 **Traduisez, en utilisant la forme progressive.**

a. Qu'est-ce qu'ils font ?

....

b. Tu me parles ?

....

c. Il s'endort.

....

d. Je me réveille.

....

12 **Décrivez ce que les personnes sont en train de faire à partir des pictogrammes.**
Modèle : Les ouvriers ne sont pas en train de travailler. Ils sont en train de dormir.

a. Los obreros..
....
....

b. El alumno ....
....
....

c. Yo..
....
....

Bravo, vous êtes venu à bout du chapitre 6 ! Il est maintenant temps de comptabiliser les icônes et de reporter le résultat en page 128 pour l'évaluation finale.

7
Le verbe et l'action (2)

Les routines hebdomadaires

L'habitude

- On l'exprime par **soler***, *avoir l'habitude de* + infinitif : **Suelo acostarme a las doce**, *J'ai l'habitude de me coucher à minuit.*
- Devant un nom de jour, l'article au pluriel indique l'habitude : **Los lunes estoy cansado**, *Le lundi, je suis fatigué.*
- L'initiale du jour lui sert d'abréviation : **L** = **lunes**. **Miércoles** s'abrège en **X** pour le distinguer de **martes**.

La fréquence

- On peut préciser la fréquence avec des locutions adverbiales : **Me despierto siempre a las siete**, *Je me réveille toujours à sept heures.* **Desayuno a menudo en un café**, *Je prends souvent mon petit déjeuner dans un café.* **Como a veces en casa**, *Je déjeune parfois à la maison.* **Ceno pocas veces en un restaurante**, *Je dîne rarement au restaurant.*
- Pour **nunca**, *jamais*, il y a deux formules possibles : **Nunca tomo café** / **No tomo nunca café**, *Je ne prends jamais de café.*

Les jours de la semaine

lunes
lundi

martes
mardi

miércoles
mercredi

jueves
jeudi

viernes
vendredi

sábado
samedi

domingo
dimanche

Sports et loisirs

correr *courir*	**el baloncesto** *le basket-ball*	**el libro** *le livre*
escuchar *écouter*	**el balonmano** *le handball*	**la música** *la musique*
jugar* *jouer*	**el deporte** *le sport*	**la película** *le film*
nadar *nager*	**el fútbol** *le football*	**el cine** *le cinéma*

1 Transformez les formes verbales pour que ces phrases expriment une habitude.

a. Leemos libros en español.

....

b. Van al cine.

....

c. Hago deporte por la tarde.

....

d. No juegas al balonmano.

....

2 Dites le contraire de ces affirmations, de deux manières différentes.

Mis amigos siempre nadan por la mañana.

a. ....

b. ....

Yo siempre juego al baloncesto por la tarde.

c. ....

d. ....

3 Consultez le tableau d'activités des personnages et répondez aux questions.

a. ¿Qué hace Alicia los lunes? ....

b. ¿Qué hacen Pedro y Alba los sábados? ....

c. ¿Qué hace Pedro los miércoles? ....

d. ¿Qué hacen Alicia y Alba los domingos? ....

	PEDRO	ALICIA	ALBA
		L M J	
	L X V		
	S		V S
		X D	D

4 Souvent (3 fois), de temps en temps (2 fois) ou rarement (1 fois) ? Toujours à partir du tableau d'activités, complétez ces phrases avec les locutions adverbiales correspondantes.

a. Pedro ve películas .... y escucha música ....

b. Alicia corre .... y juega al fútbol ....

c. Alba escucha música .... y juega al fútbol ....

Demander quelque chose

- Si ce que vous « demandez » appelle une réponse verbale, si vous souhaitez par exemple qu'on vous donne un renseignement ou qu'on vous dise quelque chose, vous utilisez le verbe **preguntar** : **Le pregunto su nombre**, *Je lui demande son prénom.*
- Si vous demandez qu'on fasse quelque chose, ou qu'on vous donne quelque chose de non verbal (un acte, un objet et pas simplement des mots), vous utilisez **pedir** : **Te pido una manzana**, *Je te demande une pomme.*

- **Pedir** sert de modèle à une conjugaison irrégulière, celle des verbes dits « à affaiblissement » : le **-e** du radical (**ped-**) devient un **-i** (**pid-**) à toutes les personnes sauf aux deux premières du pluriel.

Pedir (*demander*)

pido	*je demande*
pides	*tu demandes*
pide	*il/elle demande*
pedimos	*nous demandons*
pedís	*vous demandez*
piden	*ils/elles demandent*

5 Reliez les deux amorces de phrase au groupe complément qui leur correspond.

... CUARENTA EUROS.

... azúcar.

... el color de sus ojos.

A. LE PREGUNTO...

... la mano de su hija.

B. LE PIDO...

... cuál es su dirección.

... SI LE GUSTA LA PELÍCULA.

... DÓNDE VIVE.

... pan y vino.

Autres verbes à affaiblissement

- Parmi les six verbes ci-dessous, quatre se conjuguent en suivant le modèle de **pedir** sans autre difficulté.
- **Seguir** et **elegir**, en revanche, présentent quelques complications. Le radical doit garder la même prononciation à toutes les personnes : le [g] de guitare pour **seguir**, et la prononciation « jota » pour **elegir**. Il y aura donc parfois des modifications orthographiques.

elegir *choisir*	**repetir** *répéter*	**servir** *servir*
medir *mesurer*	**seguir** *suivre, continuer*	**vestir** *vêtir, porter*

6 **Pour chaque phrase, identifiez le verbe qui manque : MEDIR, REPETIR, SERVIR ou VESTIR. Introduisez-le en le conjuguant à la personne voulue.**

a. El panadero .... al cliente.

b. ¿Me .... tu número de teléfono?

c. ¿Cuánto .... tu hermano?

d. Nosotros .... como nos gusta.

7 **Pour chaque personne du verbe ELEGIR au présent de l'indicatif, voici trois propositions. Barrez les deux formes fausses.**

Elejo	Elijo	Eligo
Elejes	Elegues	Eliges
Elege	Elegue	Elige
Elegimos	Elijimos	Eligimos
Elegís	Eligís	Elegéis
Eliguen	Eligen	Elejen

8 Même exercice pour **SEGUIR**.

Sego	Siguo	Sigo
Sigues	Siges	Segues
Segue	Sigue	Sije
Siguimos	Sigimos	Seguimos
Seguís	Siguís	Sejís
Seguen	Siguen	Sigen

9 Complétez ces phrases avec **SEGUIR** ou **ELEGIR** conjugués.

a. Mi perro me .... siempre.

b. .... a tus amigos pero no a tu familia.

c. Salimos pero yo .... el restaurante.

d. No estamos cansados : ¡ ....!

Continuité et changement

- L'action commencée dans le passé peut se poursuivre dans le présent. On recourt dans ce cas à une périphrase verbale : le verbe **seguir** conjugué + un gérondif. **¿Sigues viviendo en Madrid?**, *Tu continues à vivre à Madrid ?* **¿Seguís jugando al fútbol?**, *Vous jouez toujours au football ?*
- L'idée contraire (*ne plus*) s'exprime par **ya no** : **Ya no vivo en Madrid**, *Je ne vis plus à Madrid.* **Ya no jugamos al fútbol**, *Nous ne jouons plus au football.*

10 Reformulez ces phrases en introduisant l'idée de continuité.

a. ¿Ves la película? ....

b. ¿Escucháis música? ....

c. Trabajamos en Madrid. ....

d. Corro por la tarde. ....

11 **Traduisez ces phrases.**

a. Je n'ai plus d'amis.

....

b. Il n'aime plus nager.

....

c. Nous ne dormons plus l'après-midi.

....

d. Ils ne mangent plus de viande.

....

Le temps qu'il fait

hacer calor *faire chaud*	**llover*** *pleuvoir*
hacer frío *faire froid*	**nevar*** *neiger*

12 **Rédigez ces mini-dialogues.** Modèle : « Est-ce qu'il continue à ... ? » / « Non, il ne ... plus ».

 ? / 

a. ¿ .... ?

b. ....

 ? / 

c. ¿ .... ?

d. ....

 ? / 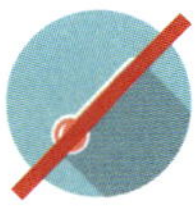

e. ¿ .... ?

f. ....

 ? / 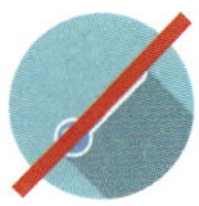

g. ¿ .... ?

h. ....

Bravo, vous êtes venu à bout du chapitre 7 ! Il est maintenant temps de comptabiliser les icônes et de reporter le résultat en page 128 pour l'évaluation finale.

8

Situer dans l'espace et indiquer la possession

L'endroit où l'on est et l'endroit où l'on va

- Lorsqu'il a le sens de *se trouver*, le verbe *être* se rend par **estar**. Et puisqu'il indique le lieu où l'on est, sans mouvement, il est suivi de la préposition **en**. **¿Dónde estás?**, *Où es-tu?* **Estoy en casa**, *Je suis à la maison.*
- D'autres verbes contiennent, au contraire, une idée implicite de mouvement, par exemple **ir**, **venir**, **volver**, **salir** ou **correr**. On peut leur associer la préposition **de** (origine) ou **a** (destination). **Voy de Madrid a París**, *Je vais de Madrid à Paris.* **Salgo a pasear**, *Je sors me promener.*

D'autres verbes de mouvement

acercarse	**bajar**	**subir**	**traducir**
s'approcher	*descendre*	*monter*	*traduire*

1 Introduisez **SER**, **ESTAR** ou **ESTAR EN** conjugués dans les phrases suivantes.

a. ¿Quiénes .... tus padres?

b. ¿De dónde .... tus abuelos?

c. ¿Dónde .... los obreros?

d. Usted no .... la oficina.

e. Nosotros .... de Barcelona, pero .... viviendo en Madrid.

f. Tú .... estudiante y .... el instituto.

2 Cochez la préposition qui convient dans le tableau.

	A	AL	DE	DEL	EN
a. Los pasajeros bajan …. avión.					
b. Los obreros llegan …. la fábrica a las ocho de la mañana.					
c. El niño baja …. jugar.					
d. Me da miedo acercarme …. perro.					
e. Cervantes escribe Don Quijote …. español.					
f. Los traductores traducen Don Quijote …. español.					
g. Los traductores traducen Don Quijote …. inglés.					
h. El avión viene …. México.					
i. Es hora de subir …. avión.					

Les pièces dans la maison

la buhardilla
les combles

la cocina
la cuisine

el comedor
la salle à manger

el cuarto de baño
la salle de bain

el dormitorio
la chambre à coucher

el salón
le salon

a la derecha
à droite

a la izquierda
à gauche

en medio
au milieu

la planta baja
le rez-de-chaussée

la primera planta
le premier étage

la segunda planta
le second étage

3 Prenez un moment pour mémoriser le nom des pièces de la maison, puis écrivez-les à leur place dans la grille, sans consulter la banque de mots.

4 Reportez le chiffre qui correspond à chaque pièce sur le pictogramme.

5 Rédigez une phrase complète pour situer chaque pièce dans la maison, en précisant l'étage et la position (droite, gauche ou milieu).

a. ....
....

b. ....
....

c. ....
....

d. ....
....

e. ....
....

f. ....
....

Situer des objets

- On peut localiser des objets au moyen de locutions adverbiales, ou les repérer par rapport à d'autres objets avec des prépositions : **Vive al lado**, *Il habite à côté.* **Vive al lado del instituto**, *Il habite à côté du lycée.*
- Rien de bien différent du français, sauf que la préposition est systématiquement double (avec **de**) : **Estoy delante**, *Je suis devant.* **Estoy delante de él**, *Je suis devant lui.*

Les adverbes et prépositions de lieu

al lado (de)
à côté (de)

delante (de)
devant

dentro (de)
à l'intérieur (de)

detrás (de)
derrière

encima (de)
au-dessus / sur

entre
entre

fuera (de)
dehors / hors de

debajo (de)
au-dessous / sous

Le mobilier

la cama
le lit

el espejo
le miroir

el frigorífico
le réfrigérateur

la mesa
la table

la puerta
la porte

la silla
la chaise

el sillón
le fauteuil

la ventana
la fenêtre

Montrer des objets

Le système des démonstratifs espagnols comprend trois degrés et inclut les adverbes (**aquí** / **ahí** / **allí**).

	proche de celui qui parle	plus éloigné (ou proche de l'interlocuteur)	lointain (ni le locuteur ni l'interlocuteur)
adjectifs démonstratifs	**este hombre** *cet homme-ci* **esta mujer** *cette femme-ci* **estos hombres** *ces hommes-ci* **estas mujeres** *ces femmes-ci*	**ese niño** *ce garçon* **esa niña** *cette fille* **esos niños** *ces garçons* **esas niñas** *ces filles*	**aquel amigo** *cet ami-là* **aquella amiga** *cette amie-là* **aquellos amigos** *ces amis-là* **aquellas amigas** *ces amies-là*
adverbes	**aquí** *ici*	**ahí** *là*	**allí** *là-bas*

6 **Prenez un moment pour mémoriser l'ensemble des termes de la leçon, prépositions et banques de mots (vous pouvez les écrire, les répéter, etc.). Sans les regarder à nouveau, rédigez huit phrases pour situer le petit chat par rapport à ce qui l'entoure.**

A

B

C

D

E

F

G

H

a. ....

b. ....

c. ....

d. ....

e. ....

f. ....

g. ....

h. ....

Les animaux

la ardilla *l'écureuil*	**el gato** *le chat*	**el pez rojo** *le poisson rouge*
el conejo *le lapin*	**el papagayo** *le perroquet*	**la tortuga** *la tortue*
la cotorra *la perruche*	**el perro** *le chien*	

7 **Cédant à la demande de vos enfants, vous allez enfin acquérir quelques animaux domestiques. Désignez ceux du pictogramme, du plus proche au plus éloigné, avec le démonstratif et l'adverbe correspondants.** Modèle : « a. Je veux ces écureuils, ici. »

ici *là* *là-bas*

a. Quiero .... , ...

b. Quiero .... , ...

c. Quiero .... , ...

8 **Même exercice, même modèle :** « a. Je veux cette perruche, ici. »

ici *là* *là-bas*

a. Quiero .... , ...

b. Quiero .... , ...

c. Quiero .... , ...

Dire la possession

- Remarquez l'accord en genre de l'adjectif aux deux premières personnes du pluriel : **nuestro amigo**, *notre ami*, **vuestra amiga**, *votre amie*.
- Le pronom possessif s'utilise comme en français : **Es el mío**, *C'est le mien.* **Es la tuya**, *C'est la tienne.*
- Pour indiquer la possession, on utilise **ser de**, *être à* : **¿De quién es el perro?**, *À qui est le chien ?*
- Pour répondre, vous pouvez nommer le propriétaire ou bien utiliser le pronom possessif sans l'article : **Es de Pedro**, *Il est à Pedro.* **Es suyo**, *Il est à lui.* **Es mío**, *Il est à moi.*

adjectif	pronom
mi(s)	**el (los) mío(s)** **la(s) mía(s)**
tu(s)	**el (los) tuyo(s)** **la (las) tuya(s)**
su(s)	**el (los) suyo(s)** **la (las) suya(s)**
nuestro(s) **nuestra(s)**	**el (los) nuestro(s)** **la (las) nuestra(s)**
vuestro(s) **vuestra(s)**	**el (los) vuestro(s)** **la (las) vuestra(s)**
su(s)	**el (los) suyo(s)** **la (las) suya(s)**

9 **À qui sont ces animaux ? Formulez les questions en introduisant l'adjectif démonstratif ou l'adverbe adéquat.**

a. ¿ .... pez rojo, aquí?

b. ¿ ....esas tortugas, ...?

c. ¿.. papagayo, allí?

10 **Traduisez ces réponses aux questions de l'exercice précédent.**

a. Il est à nous. ....

b. Elles sont à eux. ....

c. Il est à toi. ....

Bravo, vous êtes venu à bout du chapitre 8 ! Il est maintenant temps de comptabiliser les icônes et de reporter le résultat en page 128 pour l'évaluation finale.

9

Comparer, exprimer des dates, des grandeurs et des quantités

Compter à partir de 100

- De 100 à 199, **cien** s'écrit **ciento** : **ciento uno** (101), **ciento dos** (102)..., **ciento noventa y nueve** (199).
- À partir de 200, les centaines s'accordent en genre : **trescientos hombres y trescientas mujeres**, *300 hommes et 300 femmes.*
- **Mil**, *mille,* est invariable : **dos mil**, *2 000*; **veinte mil**, *20 000*; **cuatrocientos mil**, *400 000.*
- **Un millón** signifie *un million*, et **mil millones**, *un milliard.*
- **Cien** reste **cien** devant un nombre qu'il multiplie : **cien mil**, *cent mille*; **cien millones**, *cent millions.*

Centaines et milliers

doscientos, as *200*	**setecientos, as** *700*
trescientos, as *300*	**ochocientos, as** *800*
cuatrocientos, as *400*	**novecientos, as** *900*
quinientos, as *500*	**mil** *1 000*
seiscientos, as *600*	**dos mil** *2 000*

1 **Barrez les chiffres qui conviennent pour former les nombres indiqués.** Exemple : doscientos quince

1 4 2 5 3 1 7 5

a. seiscientos cuarenta y seis 5 6 8 4 1 2 6 4

b. quinientos dos 2 0 5 3 1 0 2 0

c. novecientos setenta y tres 7 9 7 4 0 1 3 1

d. ochocientos noventa 8 1 0 7 2 0 9 0

e. setecientos doce 1 7 3 6 0 2 1 2

2 Traduisez les phrases suivantes, en toutes lettres.

a. J'ai 350 amies sur (dans) Facebook.

b. Elle a 122 ans.

c. Je lis 230 romans en une année.

d. Ils ont 465 photos de leur fille.

3 Écrivez en toutes lettres ces chiffres de population (ils datent de 2016).

a. Brasil tiene 205 638 000 habitantes.

b. Indonesia tiene 258 705 000 habitantes.

c. Estados Unidos tiene 324 757 000 habitantes.

d. India tiene 1 330 783 000 habitantes.

e. China tiene 1 374 900 000 habitantes.

f. La Tierra tiene 7 432 663 000 habitantes.

Tailles, poids, distances, surfaces

- Les verbes **pesar**, *peser*, et **medir**, *mesurer*, servent à indiquer le poids et la taille : **¿Cuánto pesas?**, *Combien pèses-tu ?* **Peso setenta y nueve kilos**, *Je pèse 79 kilos.* **¿Cuánto mide usted?**, *Combien mesurez-vous ?* **Mido un metro ochenta**, *Je mesure 1,80 mètres.*
- Les liquides s'expriment en **litros**, *litres*. Comme pour les heures (mais au masculin), on utilise **medio**, *demi* : **un litro y medio**, *un litre et demi.*
- Pour les fractions, on se sert également de **cuarto**, *quart* : **un cuarto de litro**, *un quart de litre.* Mais attention à **medio litro**, *un demi-litre*, qui s'écrit sans article.

Les mesures

el kilo
le kilo

el gramo
le gramme

el metro
le mètre

el centímetro
le centimètre

el kilómetro
le kilomètre

el kilómetro cuadrado
le kilomètre carré

el litro
le litre

4 Remettez dans l'ordre ces éléments et réécrivez les phrases en toutes lettres.

384 000 km

El jugador de baloncesto mide

La distancia entre la Tierra y la Luna son

Un bebé elefante pesa

Francia tiene una superficie de

120 K

2,13 M

643 800 km^2

a. ……………………………………………………………………

b. ……………………………………………………………………

c. ……………………………………………………………………

d. ……………………………………………………………………

5 Légendez chaque vignette (nom et quantité du produit représenté, en toutes lettres).

a.  2 l ……………………

b. 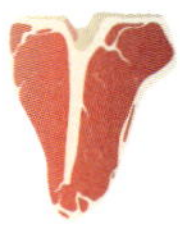 ¾ kg ……………………

c.  1,5 kg ……………………

d.  600 g ……………………

e.  ½ l ……………………

L'argent, les prix

- **El dinero**, c'est *l'argent*. Les prix s'expriment en **euros**, *euros*, et **céntimos**, *centimes*. Pour demander un prix, le verbe est **costar***, *coûter* : **¿Cuánto cuesta este libro?**, *Combien coûte ce livre ?*
- Il existe comme partout des raccourcis usuels pour dire la somme : **Cuesta quince euros noventa / quince noventa.** Une pratique courante consiste à introduire **con**, *avec*, entre le chiffre des euros et celui des centimes : **Cuesta quince con noventa**, *Il coûte 15,90 euros.*

6 Demandez le prix de chaque objet (« Combien coûte ce ... / cette ... ? » et répondez (« Il / elle coûte... »), en écrivant la somme en toutes lettres.

190 000 euros

0,25 euros

85,50 euros

a. ¿ .... ?

b. ....

c. ¿ .... ?

d. ....

e. ¿ .... ?

f. ....

La date

- On peut exprimer la date de deux manières, avec **ser** ou avec **estar a** conjugué à la 1re personne du pluriel : **¿Qué día es?**, *Quel jour est-ce ?* **Hoy es lunes**, *Aujourd'hui, c'est lundi.* **¿A qué día estamos?**, *Quel jour sommes-nous ?* **Estamos a lunes**, *Nous sommes lundi.*
- Dans une date complète, il faut introduire la préposition **de** devant le mois et devant l'année : **El veintiuno de julio de mil novecientos sesenta y nueve**, *Le 21 juillet 1969.*

Les mois et les saisons

enero *janvier*	**mayo** *mai*	**septiembre** *septembre*	**la primavera** *le printemps*
febrero *février*	**junio** *juin*	**octubre** *octobre*	**el verano** *l'été*
marzo *mars*	**julio** *juillet*	**noviembre** *novembre*	**el otoño** *l'automne*
abril *avril*	**agosto** *août*	**diciembre** *décembre*	**el invierno** *l'hiver*

7 Complétez ces phrases, avec le nom du mois ou celui de la saison.

a. .... comienza en septiembre.

b. El invierno comienza en ....

c. El verano comienza en ....

d. .... comienza en marzo.

8 Complétez les questions et répondez-y.

FEB 24

a. ¿Qué ....?

b. ....

AGO 15

e. ¿ .... es?

f. ....

NOV 13

c. ¿A qué ....?

d. ....

ENE 29

g. ¿ .... estamos?

h. ....

9 **Associez les dates fournies à l'événement historique qui s'y rapporte, en les écrivant en toutes lettres.**

14/07/1789 • 12/10/1492 • 08/05/1945

a. Descubrimiento de América : el ....

b. Toma de la Bastilla : el ....

c. Fin de la Segunda Guerra Mundial : el ....

Comparer

- **Más**, *plus*, et **menos**, *moins*, servent à former les comparatifs de supériorité et d'infériorité : **Soy más bajo que mi hermano,** *Je suis plus petit que mon frère.* **Eres más alto que yo,** *Tu es plus grand que moi.*
- Le comparatif d'égalité peut prendre deux formes : **tan** + adjectif + **como** / **tanto(s)** / **tanta(s)** + nom + **como** : **Es tan alto como tonto**, *Il est aussi grand que bête.* **Tengo tantas amigas como amigos**, *J'ai autant d'amis que d'amies.*

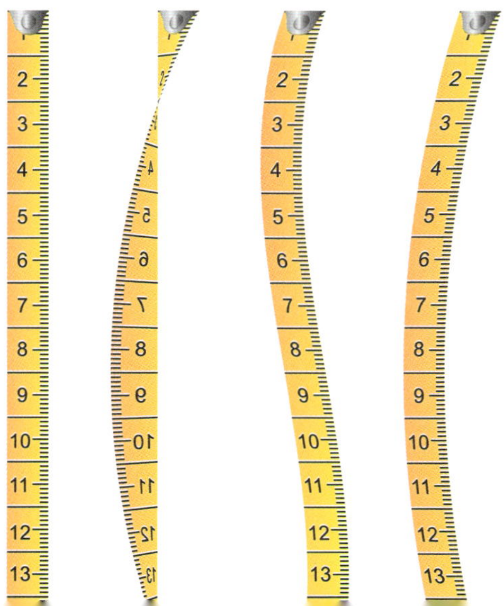

Couples de contraires

pesado *lourd*	**ligero** *léger*
lejos *loin*	**cerca** *près*
caro *cher*	**barato** *bon marché*

10 Barrez pour chaque phrase l'un des deux adjectifs proposés.

a. El Sol está más [cerca / lejos] de la Tierra que la Luna.

b. La ropa es menos [cara / barata] que el pan.

c. Berlín está menos [lejos / cerca] de París que Londres.

d. Un coche es más [pesado / ligero] que una moto.

e. La carne es menos [pesada / ligera] que la fruta.

f. El champán es más [caro / barato] que la leche.

11 Complétez ces comparatifs d'égalité avec les mots proposés.

TANTAS TANTOS TANTO TAN TANTA

a. Tengo .... dinero como él.

b. Enero es .... frío como febrero.

c. Abril tiene .... días como junio.

d. La naranja tiene .... vitamina C como el limón.

e. No como .... manzanas como peras.

Bravo, vous êtes venu à bout du chapitre 9 ! Il est maintenant temps de comptabiliser les icônes et de reporter le résultat en page 128 pour l'évaluation finale.

10

Dire ce que l'on sait, ce que l'on sent et ce que l'on pense

Les verbes « savoir », « connaître », et leur modèle de conjugaison

- **Saber**, *savoir*, et **conocer**, *connaître*, sont des verbes de base qui présentent des irrégularités.
- **Saber** a une 1re personne du singulier particulière (**sé**, *je sais*) ; le reste de la conjugaison suit le modèle des verbes en -**er**.
- **Conocer** sert, lui, de modèle à toute une série de verbes : les verbes terminés en -**acer**, -**ecer**, -**ocer** et -**ucir**. Leur point commun est une 1re personne du singulier en -**zco** (**conocer** : **conozco**, *je connais*). La suite de la conjugaison suit le modèle normal du verbe.
- Il y a des exceptions. Vous en connaissez déjà une : **hacer**, *faire*, qui fait **hago**, *je fais*.

saber *savoir*	**conocer** *connaître*	**parecer** *sembler*	**conducir** *conduire*	**nacer** *naître*
sé	conozco	parezco	conduzco	nazco
sabes	conoces	pareces	conduces	naces
sabe	conoce	parece	conduce	nace
sabemos	conocemos	parecemos	conducimos	nacemos
sabéis	conocéis	parecéis	conducís	nacéis
saben	conocen	parecen	conducen	nacen

1 Traduisez les phrases suivantes.

a. Je ne sais pas qui c'est. ....

b. Il ne sait pas qui tu es. ....

c. Savez-vous qui je suis ? (vouvoiement) ....

d. Savez-vous qui ils sont ? (tutoiement pl.) ....

e. Sais-tu qui nous sommes ? ....

2 Transposez les phrases de l'exercice précédent en utilisant CONOCER à la place de SABER.

Exemple : Je ne sais pas qui c'est. / Je ne le connais pas.

a. ....

b. ....

c. ....

d. ....

e. ....

3 Dans les phrases suivantes, remplacez SER ou ESTAR, *être*, par PARECER, *sembler*.

a. Es muy listo. ....

b. Sois tontos. ....

c. Están cansadas. ....

d. Estás sorprendida. ....

e. Somos buenos. ....

4 PARECERSE signifie *ressembler*. Il s'agit donc d'un verbe pronominal, comme llamarse, *s'appeler* (me llamo, *je m'appelle*). Traduisez ces phrases.

a. Nous nous ressemblons. ....

b. Ils se ressemblent. ....

c. Vous vous ressemblez. ....

5 Rédigez les six phrases correspondant à ce tableau : le signe = indique la ressemblance entre personnes (PARECERSE A) et X la différence (NO PARECERSE A).

	mis padres	Javier
yo	=	X
tú	X	=
ella	=	X

a. ....
....
....

b. ....
....
....

c. ....
....
....

d. ....
....
....

e. ....
....
....

f. ....
....
....

6 Quels véhicules ces personnages conduisent-ils ? Rédigez les courts dialogues correspondant aux pictogrammes (rapport de tutoiement).

a. ¿ .... una moto?

b. No, ... un coche.

c. ¿.. un avión?

d. No, ...un barco.

Les verbes « de sensation »

- Vous connaissez déjà **ver**, *voir* ; retenez aussi **tocar**, *toucher*, qui est régulier. Les trois autres verbes relatifs aux sens ont de fortes particularités.
- **Oír**, *entendre*, est un verbe en **-go** à la 1re personne ; il présente également un **-y** intercalé aux 2e et 3e personnes du singulier et à la 3e du pluriel. En voici la conjugaison :

oigo	*j'entends*
oyes	*tu entends*
oye	*il/elle entend*
oímos	*nous entendons*
oís	*vous entendez*
oyen	*ils/elles entendent*

- **Oler**, *sentir*, est un verbe à diphtongue. Il s'écrit avec un **-h** initial à toutes les personnes sauf aux deux premières du pluriel.

huelo	*je sens*
hueles	*tu sens*
huele	*il/elle sent*
olemos	*nous sentons*
oléis	*vous sentez*
huelen	*ils/elles sentent*

- Retenez ces constructions et emplois : **¿No hueles?**, *Tu ne sens pas ?* **Huelen bien / mal**, *Ils sentent bon / mauvais.* **Huele a sardina**, *Ça sent la sardine.* **Huelo a pescado**, *Je sens le poisson* (ou : *Je sens une odeur de poisson*).
- **Saber**, *avoir le goût de*, est un homonyme de **saber**, *savoir*. Il suit sa conjugaison, sauf à la 1re personne, peu usitée. Il s'emploie surtout, de fait, aux 3e personnes, avec la préposition **a** : **Sabe a sangre**, *Ça a un goût de sang.* **Estos helados saben a limón**, *Ces glaces ont un goût de citron.*

7 En commençant par la syllabe centrale au cœur de la fleur, mettez dans l'ordre les pétales pour reconstituer une phrase, puis traduisez-la.

a. ....
b. ....
c. ....
d. ....
e. ....
f. ....

8 **Traduisez les phrases suivantes.**

a. Vous sentez le vin. *(rapport de tutoiement)*

....

b. Vous sentez le chien. *(vouvoiement)*

....

c. Je sens une odeur de café.

....

d. Ce lapin a un goût de chat.

....

e. Ces fraises n'ont pas le goût de fraise.

....

Autres verbes exprimant ce que l'on ressent

- La faim, la soif, le froid, la chaleur, l'envie... : en dehors des cinq sens, il y a bien sûr d'autres ressentis. Remarquez ici que l'Espagnol ne dit pas *j'ai chaud* (qui se dit **caliente**), mais *j'ai chaleur* : **tengo calor**.
- Vous pouvez intensifier l'expression de ce ressenti. Attention, le français utilise ici un adverbe, invariable donc : *très* ; en espagnol, ce sera un adjectif (**mucho**, **mucha**, **muchos**, **muchas**) qui s'accordera avec le nom. Sachez que **calor**, comme presque tous les mots en -**or**, est masculin : **el calor**, *la chaleur*.

Les ressentis

tener calor *avoir chaud*	**tener hambre** *avoir faim*
tener frío *avoir froid*	**tener sed** *avoir soif*
tener ganas *avoir envie*	**tener sueño** *avoir sommeil*

9 **Légendez ces quatre pictogrammes, à la 1re personne du singulier et en exprimant un ressenti intense (« très »).**

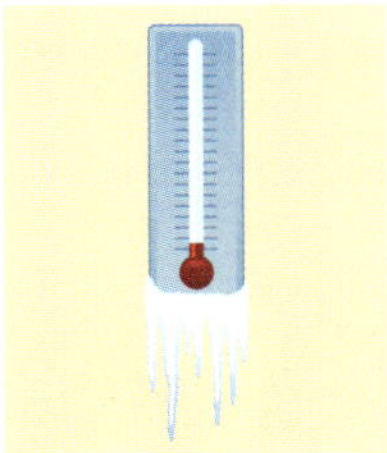

a. .... b. .... c. .... d. .... e. ....

10 **Reformulez les phrases c, d et e de l'exercice précédent en utilisant la formule « avoir envie de ».**

a. .... b. .... c. ....

Exprimer une opinion, approuver et contredire

- Vous trouverez dans la banque de mots ci-contre différents outils pour exprimer une opinion. Attention à la préposition **con**, *avec*, quand elle se combine avec les pronoms *moi* et *toi* : **Estoy de acuerdo contigo**, *Je suis d'accord avec toi.* **No estás de acuerdo conmigo**, *Tu n'es pas d'accord avec moi.*
- Les formules courtes pour approuver et contredire varient selon la construction à laquelle elles font écho : **Tengo hambre**, *J'ai faim*, **Yo también**, *Moi aussi*, **Yo no**, *Pas moi.* **No tengo sed**, *Je n'ai pas soif*, **Yo tampoco**, *Moi non plus*, **Yo sí**, *Moi si.* **Me gusta comer**, *J'aime manger*, **A mí también**, *Moi aussi*, **A mí no**, *Pas moi.* **No me gusta beber**, *Je n'aime pas boire*, **A mí tampoco**, *Moi non plus*, **A mí sí**, *Moi si.*

Les verbes d'opinion

creer
croire

pensar*
penser

me parece
il me semble

estar de acuerdo (con)
être d'accord (avec)

estar a favor (de)
être pour (+ cplmt)

estar en contra (de)
être contre (+ cplmt)

11 Traduisez cette petite conversation.

Pedro – Que penses-tu des corridas ? ....

Gloria – Je suis contre. Et toi ? ....

Pedro – Je suis pour. Il me semble que les matadors sont courageux.

....

Gloria – Je ne suis pas d'accord avec toi : je crois que ce sont des lâches !

....

12 Trois personnes dialoguent : la première lance une affirmation, la deuxième est du même avis, la troisième d'un avis différent. Rédigez les répliques.

Me encantan las corridas.

a. ....

b. ....

No me gustan los animales.

c. ....

d. ....

Estoy a favor de las corridas.

e. ....

f. ....

No voy a ver corridas.

g. ....

h. ....

Bravo, vous êtes venu à bout du chapitre 10 ! Il est maintenant temps de comptabiliser les icônes et de reporter le résultat en page 128 pour l'évaluation finale.

11

L'interrogation, l'affirmation et la négation, l'exclamation

Les pronoms interrogatifs

¿Cómo...?
Comment… ?

¿Cuál, cuáles...?
Quel(s), quelle(s)… ?

¿Cuándo...?
Quand… ?

¿Cuánto(s), cuánta(s)...?
Combien de… ?

¿Dónde...?
Où… ?

¿Por qué...?
Pourquoi… ?

¿Qué...?
Qu'est-ce que… ?

¿Quién, quiénes...?
Qui… ?

Outils de la phrase interrogative

- Ce n'est pas l'ordre des mots qui détermine l'interrogation en espagnol ; c'est la ponctuation : **¿Es tu hermano el chico que canta? / El chico que canta, ¿es tu hermano?**, *Le garçon qui chante, est-ce ton frère ?*
- Les mots interrogatifs portent tous un accent, y compris dans l'interrogative indirecte : **No sé qué hacer**, *Je ne sais pas quoi faire.*
- Distinguez la question **¿por qué?**, *pourquoi ?* en deux mots, de la réponse **porque**, *parce que* en un mot : **Estoy cansado porque trabajo mucho**, *Je suis fatigué parce que je travaille beaucoup.*

1 **Rédigez la question correspondante, au tutoiement (singulier ou pluriel), en faisant porter l'interrogation sur le segment souligné.**

a. Dormimos ocho horas al día.

……………………………………………………………………

b. Suelo desayunar café con leche.

……………………………………………………………………

c. Mi fruta preferida es el plátano.

……………………………………………………………………

d. Los sábados salgo con un amigo del instituto.

……………………………………………………………………

e. Nos gusta ir a España en septiembre.

……………………………………………………………………

2 Traduisez les phrases suivantes.

a. Ils ne savent pas d'où nous sommes.

....

b. Je me demande comment il va.

....

c. Je sais qui sont ses amis.

....

d. Il se demande combien ça coûte.

....

e. Je ne vois pas quand je vais pouvoir aller en Espagne.

....

3 Complétez ces courts dialogues avec POR QUÉ ou PORQUE.

a. - ¿Sabes .... me gusta España?
- No, no sé ....
- .... la gente es muy simpática.

b. - Me pregunto .... comes tanto.
- ¿Quieres saber ....?
- Lo sé, lo sé: .... tienes mucha hambre, ¿no?

Dire non

- **No** est bien sûr l'outil de base : il signifie à la fois *non* et, devant un verbe, *ne ... pas* (**no quiero**, *je ne veux pas*). Pour le tac au tac de la conversation, il existe quelques formules plus développées. Par exemple : **de ninguna manera**, *aucunement*, ou **por supuesto que no**, *bien sûr que non.*
- Gare à **en absoluto**, qui ne signifie pas *absolument*, mais exactement le contraire ! **¿Me crees? En absoluto**, *Tu me crois ? Absolument pas.*

4 Sans relire la leçon, complétez ces trois réponses négatives.

¿Estáis de acuerdo conmigo?

a. ¡Por ....!

b. ¡En ....!

c. ¡De ....!

Construction de phrases affirmatives et négatives

- Vous pouvez écrire un pronom ou adverbe à valeur négative à la suite d'un verbe lui-même à la forme négative. Il y a dans ce cas une double négation : **No hay nada**, *Il n'y a rien.*
- On peut aussi placer le mot négatif devant le verbe : la phrase devient alors négative sans redoubler la négation. **No duerme nadie** ou **Nadie duerme**, *Personne ne dort.* **No salgo nunca** ou **Nunca salgo**, *Je ne sors jamais.* **No lo sé tampoco** ou **Tampoco lo sé**, *Je ne sais pas non plus.*
- **Nada** et **algo** peuvent prendre une valeur de quantification : *pas du tout*, *un peu.* **No me gusta nada esta novela**, *Je n'aime pas du tout ce roman.* **Es algo tonto**, *Il est un peu bête.*
- **Alguien** et **nadie** représentent des personnes, et sont donc précédés de **a** s'ils sont COD : **Veo a alguien**, *Je vois quelqu'un.* **No veo a nadie**, *Je ne vois personne.*

Couples de contraires

algo *quelque chose*
nada *rien*

alguien *quelqu'un*
nadie *personne*
nunca *jamais*

siempre *toujours*
también *aussi*
tampoco *non plus*

5 Dites le contraire, avec deux constructions différentes.

Hoy también va a llover.

a. ....

b. ....

Aquí siempre hace frío.

c. ....

d. ....

6 Complétez les phrases suivantes avec NADA ou NADIE, puis traduisez-les.

a. No sé .... / ....

b. ....cena en el cuarto de baño. / ....

c. No quiero .... / ....

d. .... me cree. / ....

e. No escucha a .... / ....

f. No estoy .... contento. / ....

g. No llueve .... / ....

h. .... me escucha. / ....

7 Complétez les phrases suivantes avec ALGO ou ALGUIEN, puis traduisez-les.

a. ¿Dices .... ? / ....

b. ¿A .... le gusta esta película? / ....

c. ¿Vas a comer............ ? / ....

d. ¿Ves .... ?/ ....

e. Estoy saliendo con .... / ....

f. ¿ .... tiene sed? / ....

g. ¿ .... no está de acuerdo? / ....

h. Está lloviendo .... / ....

Indéfinis à valeur affirmative et négative

Indéfinis à valeur affirmative

- **Alguno(s)**, **alguna(s)**, *quelqu'un(e)*, *quelques-un(e)s*, *certain(e)s*, sont pronoms ou adjectifs.
- Attention : **alguno** devient **algún** devant un masculin singulier : **¿Alguno sabe la respuesta?**, *Quelqu'un sait la réponse ?* **Creo que algunas la saben**, *Je crois que certaines la savent* **¿Practicas algún deporte?**, *Tu pratiques un sport ?* **¿Escuchas alguna música?**, *Tu écoutes une quelconque musique ?* **Algunos niños son malos**, *Certains enfants sont méchants.* **Algunas tortugas viven cien años**, *Certaines tortues vivent cent ans.*

Indéfinis à valeur négative

- Les pronoms **ninguno**, *aucun*, et **ninguna**, *aucune*, admettent deux constructions : **¿Ninguno de vosotros lo sabe?** / **¿No lo sabe ninguno?**, *Aucun de vous ne le sait ?* **Ninguna de mis amigas me llama** / **No me llama ninguna**, *Aucune de mes amies ne m'appelle.*
- Comme adjectif, **ninguno** devient **ningún** devant un masculin singulier. **No practico ningún deporte**, *Je ne pratique aucun sport.* **¿No tienes ninguna amiga?**, *Tu n'as aucune amie ?*

Magasins et commerces

la carnicería *la boucherie*	**el mercado** *le marché*
el centro comercial *le centre commercial*	**la pescadería** *la poissonnerie*
la frutería *le magasin de fruits*	**el supermercado** *le supermarché*
los grandes almacenes *les grands magasins*	**la zapatería** *le magasin de chaussures*

8 Donnez deux traductions pour chacune de ces phrases.

Aucune d'entre vous n'aime les grands magasins?

a. ....

b. ....

Non, aucun ne me plaît.

c. ....

d. ....

9 Vous cherchez un commerce. Complétez la question que vous poserez et répondez-y négativement : « Est-ce qu'il y a... ? » / « Non, il n'y en a aucun(e). »

a. ¿ .... en esta calle?

b. No, ...

c. ¿.. por aquí?

d. No, ...

10 Barrez les propositions d'indéfinis fautives et complétez la traduction de ces phrases.

a. *Aucune femme n'a horreur d'un magasin de chaussures.*
A **[alguna – ninguna – algunas]** mujer le horroriza ....

b. *Certains grands magasins sont tristes.*
[Algún – Algunos – Ningún] .... son tristes.

c. *Certaines poissonneries sentent mauvais.*
[Alguna – Algunas – Algún] .... huelen mal.

d. *Il n'y a aucun marché près de chez moi.*
No hay **[algún – alguno – ningún]** .... cerca de casa.

e. *Connaissez-vous un centre commercial près d'ici ?*
¿Conoce **[algún – alguno – ningún]** .... cerca de aquí?

f. *Sais-tu l'adresse d'un bon magasin de fruits ?*
¿Sabes la dirección de **[algún – alguno – alguna]** .... ?

S'exclamer

- Devant un nom, on utilise **¡qué...!** pour faire porter l'exclamation sur la qualité ; ou **¡cuánto(s), cuánta(s)!** si on insiste sur la quantité : **¡Qué casa!**, *Quelle maison !* **¡Qué frío!**, *Quel froid !* **¡Cuánto dinero!**, *Que d'argent !* **¡Cuántos gatos!**, *Que de chats !* **¡Cuántas naranjas!**, *Que d'oranges !*
- Devant un verbe, de même, on pourra s'exclamer avec **¡cómo...!** ou **¡cuánto...!** : **¡Cómo canta!**, *Comme il chante !* **¡Cuánto come!**, *Qu'est-ce qu'il mange !*
- Devant un groupe nom + adjectif, vous trouverez souvent la tournure idiomatique suivante : **¡qué** + nom + **más** + adjectif**!** : **¡Qué pan más bueno!**, *Quel bon pain !*
- Lorsque l'exclamation porte sur une phrase complète, on place le verbe après le groupe exclamatif, et le sujet, s'il est exprimé, en toute fin de phrase : **¡Qué alto es!**, *Qu'il est grand !* **¡Qué casa más grande tienes!**, *Quelle grande maison tu as !* **¡Cuántos gatos tiene Elisa!**, *Qu'est-ce qu'Elisa a comme chats !* **¡Cómo bebe el hermano de Juan!**, *Qu'est-ce qu'il boit, le frère de Juan !*

Les achats de vêtements

ancho(a) *large*
la camisa *la chemise*
la camiseta *le tee-shirt*
el chándal *le survêtement*
las deportivas *les baskets*
estrecho(a) *étroit(e)*
la falda *la jupe*
gastar *dépenser*
el pantalón *le pantalon*
quedar (bien, mal...) *aller (bien, mal...)*
los vaqueros *les jeans*
el vestido *la robe*
el zapato *la chaussure*
la cazadora *le blouson*

11 Long, court, large ou étroit ? Qualifiez les vêtements représentés au moyen d'exclamations simples, sans verbes.

a. ¡.................. ....!

b. ¡................ ....!

c. ¡ ....!

d. ¡ ....!

12 Complétez ces exclamations avec le mot qui convient.

a. ¡................................ gastas en camisas!

b. ¡................................ caros son estos pantalones!

c. ¡................................ zapatos tiene mi vecina!

d. ¡................................ mal te queda esta falda!

e. ¡................................ te gusta comprar ropa!

13 Traduisez ces exclamations.

a. Qu'est-ce que ces chaussures me vont bien !

....

b. Qu'est-ce que tu dépenses en jeans !

....

c. Qu'est-ce que mon frère a comme baskets !

....

d. Quel survêtement horrible (laid) il a, Juan !

....

e. Comme j'aime ton blouson !

....

Bravo, vous êtes venu à bout du chapitre 11 ! Il est maintenant temps de comptabiliser les icônes et de reporter le résultat en page 128 pour l'évaluation finale.

12

Exprimer un souhait, faire une demande, donner un conseil

Formules de souhaits

- Pas besoin de longues phrases, souvent, pour souhaiter quelque chose à quelqu'un. Retenez donc d'abord les « formules désidératives » toutes faites ; **Feliz cumpleaños**, *Joyeux anniversaire*, par exemple, que vous pouvez même chantonner : **Cumpleaños feliz (*bis*), te deseamos todos: cumpleaños feliz.**
- Les formules de la banque de mots ci-contre sont presque toutes transparentes. Précisons que **bienvenida**, *bienvenue*, est tout-terrain, mais que vous pouvez aussi l'accorder : au masculin **bienvenido(s)**, *bienvenu(s)*, et au féminin **bienvenida(s)**, *bienvenue(s)*.
- **Felicidades** s'emploie souvent pour souhaiter *bonne fête* à un ami (les Espagnols fêtent **el santo**, *l'éphéméride*, presque autant que l'anniversaire).
- **Salud**, enfin, a deux usages : *santé*, lorsqu'on trinque, mais aussi *à vos (tes) souhaits*, quand quelqu'un éternue !

Les souhaits

desear
souhaiter, désirer

¡Bienvenida(s), bienvenido(s)!
Bienvenue(s), bienvenu(s) !

¡Buen provecho! / ¡Que aproveche!
Bon appétit !

¡Buen viaje!
Bon voyage !

¡Enhorabuena!
Félicitations !

¡Felicidades!
Bonne fête !

¡Feliz año!
Bonne année !

¡Feliz cumpleaños!
Joyeux anniversaire !

¡Felices fiestas!
Joyeuses fêtes !

¡Feliz Navidad!
Joyeux Noël !

¡Salud!
Santé / À vos (tes) souhaits !

¡Suerte!
Bonne chance !

1 Écrivez sous chaque pictogramme la formule de souhaits qui convient.

a. ....

c. ....

e. ....

b. ....

d. ....

f. ....

2 Vous voudrez peut-être exagérer vos souhaits en ajoutant « très » ; traduisez ces petits mots.

a. Je te souhaite très bonne chance.

....

b. Nous te souhaitons une très bonne fête.

....

3 En espagnol, on ne « présente » pas ses félicitations, et on ne « souhaite » pas la bienvenue : on les « donne » (verbe DAR). Traduisez ces formules.

a. Je te présente mes félicitations.

....

b. Nous vous souhaitons la bienvenue (*vouvoiement*).

....

Quiero que..., *Je veux que...* / Deseo que..., *Je souhaite que...*

- Si vous exprimez un désir, un souhait ou une volonté dans une phrase complexe (principale + subordonnée), vous entrez comme en français dans le domaine du subjonctif : *Je veux que tu <u>fasses</u>, Je souhaite que tu <u>dises</u>...*
- Le subjonctif présent régulier espagnol se forme en changeant les voyelles finales du présent de l'indicatif : les verbes en -**ar** auront des terminaisons en -**e** ; les verbes en -**er** et -**ir** auront des terminaisons en -**a**.

Présent du subjonctif régulier

trabajar	comer	vivir
trabaje	coma	viva
trabajes	comas	vivas
trabaje	coma	viva
trabajemos	comamos	vivamos
trabajéis	comáis	viváis
trabajen	coman	vivan

4 Complétez cette grille de conjugaison au subjonctif présent.

infinitivo	....	....	....
yo	....	....	....
tú	....	**leas**	....
él/ella	....	....	....
nosotros/as	....	....	**hablemos**
vosotros/as	**escribáis**	....	....
ellos/as	....	....	....

5 Dans les phrases suivantes, barrez la forme verbale fautive.

a. Quiero que [llamamos] [llamemos] a nuestro hijo Andrés.
b. No quiero que [corras] [corres] cuando conduces.
c. Queremos que nos [escuchas] [escuches].
d. Tu madre desea que no [gastáis] [gastéis] tanto en ropa.
e. Deseo que mis padres me [crean] [creen].
f. No quiere que [subamos] [subimos] a la buhardilla.
g. Deseamos que [vivís] [viváis] felices.

Autres emplois et irrégularités du subjonctif

- Comme en français, le subjonctif est également obligatoire dans la subordonnée :
  - pour exprimer le but : **Te doy su número para que lo llames**, *Je te donne son numéro pour que tu l'appelles.*
  - après les locutions à valeur affective : **No me gusta que hables mal de ella**, *Je n'aime pas que tu parles mal d'elle.*
  - après un verbe d'opinion à la forme négative : **No creo que suba a París**, *Je ne crois pas que je monte à Paris.*
- Le radical du subjonctif, c'est en fait la 1re personne du singulier du présent de l'indicatif. Lorsqu'il s'agit d'un verbe régulier, c'est simple. Par contre, quand le verbe est irrégulier à cette personne, c'est tout le subjonctif qui reproduit l'irrégularité. C'est le cas des verbes en -**go**, en -**zco**, et des verbes à affaiblissement.

Présent de l'indicatif

decir	conducir	pedir
digo	conduzco	pido
dices	conduces	pides
dice	conduce	pide
decimos	conducimos	pedimos
decís	conducís	pedís
dicen	conducen	piden

Présent du subjonctif

decir	conducir	pedir
diga	conduzca	pida
digas	conduzca	pidas
diga	conduzca	pida
digamos	conduzcamos	pidamos
digáis	conduzcáis	pidáis
digan	conduzcan	pidan

6 Reformulez ces phrases à la forme négative.

a. Creo que siguen viviendo en Madrid.

....

b. Pienso que mide más de dos metros.

....

c. Me parece que tenéis hambre.

....

7 Traduisez les phrases suivantes.

a. Ça me fait peur que tu conduises une moto.

....

b. Ton père n'aime pas que tu sortes avec cette fille.

....

c. Ça me dégoûte que tu manges avec les mains.

....

d. J'ai honte que mon grand-père s'habille en jeans.

....

e. Ça nous fait plaisir qu'ils viennent.

....

f. Ça me fait de la peine que ma grand-mère ne m'entende pas.

....

8 Introduisez les verbes proposés dans la phrase qui convient.

TRADUZCA | ELIGES | DICES | DIGAS | ELIJAS | TRADUZCO

a. Hablo español y francés y .... a los dos idiomas.

b. Entre la naranja y el limón, tú siempre .... el limón.

c. ¿No .... que es tu amigo?

d. Voy a llamar a Miguel para que me .... este libro.

e. Hay carne y pescado, para que .... lo que más te gusta.

f. Lo hace para que .... que es bueno contigo.

Emplois particuliers et autres irrégularités du subjonctif

- Pour demander quelque chose (*je te demande de...*), donner un ordre (*je te dis de...*) ou un conseil (*je te conseille de...*), l'espagnol va utiliser **que** + le subjonctif là où le français s'en sort avec *de* + l'infinitif : **Te pido que vengas**, *Je te demande de venir.* **Te digo que trabajes**, *Je te dis de travailler.* **Te aconsejo que hagas deporte**, *Je te conseille de faire du sport.*
- Ne confondez donc pas : **Me dice que trabaja**, *Il me dit qu'il travaille* (indicatif, fait réel) et **Me dice que trabaje**, *Il me dit de travailler* (subjonctif, c'est un ordre).
- Au chapitre des irrégularités du subjonctif, retenez que les verbes à diphtongue modifient leur radical aux mêmes personnes qu'à l'indicatif. Sachez enfin qu'un certain nombre de verbes usuels (**ser**, **estar**, **saber**, **ir**, **ver**) ont un subjonctif présent particulier.

Verbes à diphtongue / subjonctifs particuliers

pensar	ser	estar	saber	ir	ver
piense	sea	esté	sepa	vaya	vea
pienses	seas	estés	sepas	vayas	veas
piense	sea	esté	sepa	vaya	vea
pensemos	seamos	estemos	sepamos	vayamos	veamos
penséis	seáis	estéis	sepáis	vayáis	veáis
piensen	sean	estén	sepan	vayan	vean

Noms de pays

Alemania *L'Allemagne*
Inglaterra *L'Angleterre*
Francia *La France*
Italia *L'Italie*
Grecia *La Grèce*
Portugal *Le Portugal*

9 Traduisez ces phrases.

a. Le digo que duerme mucho.

....

b. Le digo que duerma mucho.

....

c. Mi mujer me dice que me despierto a las seis.

....

d. Mi mujer me dice que me despierte a las seis.

....

10 Rédigez ces six conseils et recommandations.

Exemple : a. Je te conseille de visiter la France.

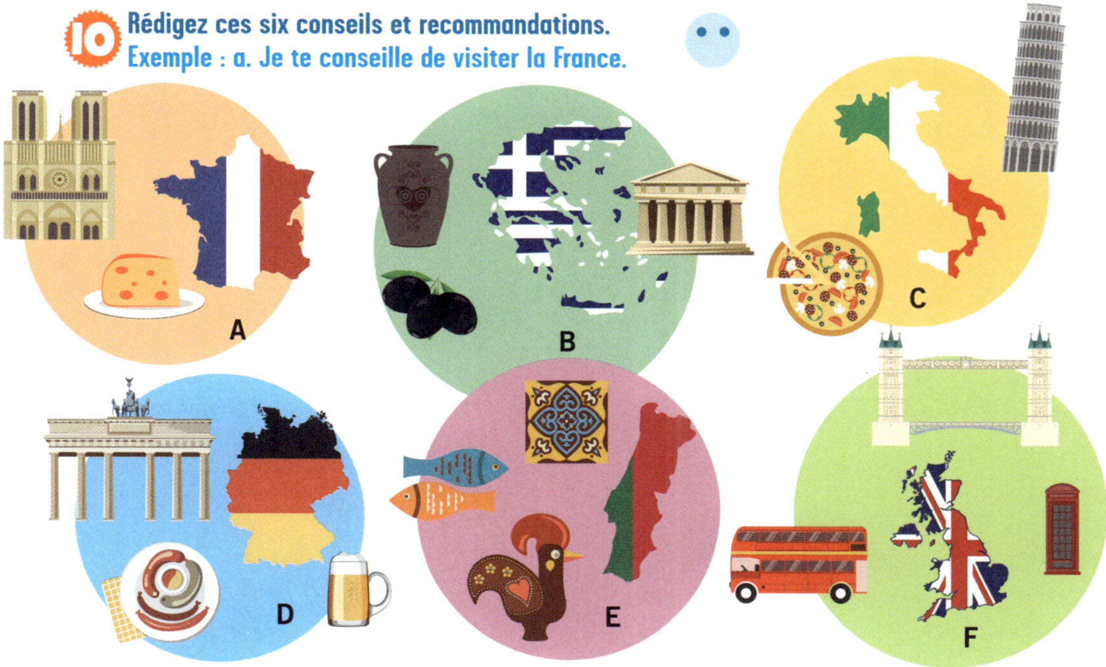

Te aconsejo que...

a. [visitar] ....

b. [ir a] ....

c. [ver] ....

Os recomiendo que...

d. [estar unos días en] ....

e. [vivir un año en] ....

f. [conocer] ....

11 Conjuguez le verbe entre crochets à l'indicatif ou au subjonctif.

a. El profesor les pide a los alumnos que **[saber]**............. las conjugaciones españolas.

b. Yo le digo que no las **[saber]** .... bien porque soy francés.

c. Nos dice que estudiemos más y que no **[ser]**..................................tan perezosos.

d. Le decimos que **[ser]**..muy trabajadores.

Bravo, vous êtes venu à bout du chapitre 12 ! Il est maintenant temps de comptabiliser les icônes et de reporter le résultat en page 128 pour l'évaluation finale.

13

Donner des instructions et interdire

Les injonctions familières

Avant d'entrer dans les subtilités du mode impératif, sachez qu'il existe une formule orale toute simple et bien utile au quotidien pour donner familièrement une consigne : elle consiste à utiliser **a** suivi de l'infinitif. Exemple : **¡A comer!**, *On mange !*

1 Comment rendriez-vous en espagnol les injonctions suivantes ?

a. On dîne !

....

b. On joue !

....

c. Au dodo !

....

d. Au boulot !

....

Donner un ordre en tutoyant

- L'impératif espagnol au sens strict a deux personnes : la 2e du singulier (**canta**, *chante*) et la 2e du pluriel (**cantad**, *chantez*). Et puisque la 2e personne grammaticale est en espagnol celle du tutoiement, nous sommes ici dans un rapport de familiarité.
- Au singulier, on prend la 2e personne de l'indicatif sans le -**s** final. Au pluriel, on prend l'infinitif et on remplace le -**r** final par un -**d** :

hablas, *tu parles*	**¡habla!**, *parle !*	**¡hablad!**, *parlez !*
comes, *tu manges*	**¡come!**, *mange !*	**¡comed!**, *mangez !*
piensas, *tu penses*	**¡piensa!**, *pense !*	**¡pensad!**, *pensez !*
duermes, *tu dors*	**¡duerme!**, *dors !*	**¡dormid!**, *dormez !*
traduces, *tu traduis*	**¡traduce!**, *traduis !*	**¡traducid!**, *traduisez !*
repites, *tu répètes*	**¡repite!**, *répète !*	**¡repetid!**, *répétez !*

2 Complétez ce tableau de l'impératif.

infinitivo	desayunar	....	....	....
tú	....	lee	....	juega
vosotros	....	....	subid	....

infinitivo	volver	....	....	elegir
tú	....	....	oye	....
vosotros	....	conducid	....	....

3 Complétez les phrases suivantes à l'impératif, en vous servant de formes verbales prises dans le tableau précédent. Repérez bien, dans la phrase donnée, si on s'adresse à un TÚ ou à un VOSOTROS.

a. .... este libro, te lo recomiendo.

b. Niños, ¡............... bien! Es importante para estar en forma todo el día.

c. De acuerdo, ... al fútbol con vuestros amigos si queréis.

d. Me das miedo, ... más lento, por favor.

e. .... un poco la tele, Carmen, no se oye nada.

f. De acuerdo, estáis muy cansados: .... a casa y mañana seguimos.

g. ¿Carne o pescado? .... lo que más te gusta.

h. Silencio, ... bien lo que os voy a decir.

Impératifs irréguliers

Ils sont au nombre de huit, mais l'irrégularité ne concerne que le singulier ; la 2e personne du pluriel suit le modèle normal et se forme à partir de l'infinitif (avec un **-d** à la place du **-r** final).

infinitivo	hacer	poner	tener	salir	venir	decir	ser	ir
tú	**haz**	**pon**	**ten**	**sal**	**ven**	**di**	**sé**	**ve**
vosotros	**haced**	**poned**	**tened**	**salid**	**venid**	**decid**	**sed**	**id**

4 **Transformez ces phrases en ordres à l'impératif, au singulier ou au pluriel.**

a. Te recomiendo que salgas con tus amigos.
¡ .... !

b. Os aconsejo que vayáis a visitar el Prado.
¡ .... !

c. Te digo que hagas tu cama.
¡ .... !

d. Quiero que pongáis las sillas en el salón.
¡ .... !

e. Me gusta que vengas a casa a cenar.
¡ .... !

f. Os pido que seáis buenos.
¡ .... !

g. Quiero que siempre tengas café en casa.
¡ .... !

h. Deseo que digáis lo que pensáis.
¡ .... !

L'impératif et le pronom personnel

- Observez l'impératif *aide-moi*. Vous remarquez qu'un trait d'union relie la forme verbale au pronom qui la suit. L'espagnol va plus loin : il accroche le pronom à l'impératif : **ayúdame**. Ce phénomène, nommé « enclise », se produit d'ailleurs aussi à l'infinitif : *s'appeler*, vous le savez, se dit **llamarse**.
- L'enclise a une conséquence ; puisqu'on ajoute une syllabe, un accent écrit apparaît : **Léelo**, *Lis-le* (l'accent tonique remonte sur l'avant-avant-dernière syllabe et on doit donc l'écrire).
- Quand il y a deux pronoms à la suite, on les accroche tous deux (toujours le COI d'abord, et le COD ensuite) : **Dámelo**, *Donne-le-moi.*
- Attention : lorsque deux pronoms de 3e personne se suivent, le COI n'est plus **le** ou **les** mais **se** : non pas « **le lo digo** » ou « **les lo digo** », mais **se lo digo**, *je le lui dis / je le leur dis*. Du coup, à l'impératif, on aura : **díselo**, *dis-le-lui / dis-le-leur.*

La table et les couverts

lavar *laver*	**los cubiertos** *les couverts*	**el cuchillo** *le couteau*	**el plato** *l'assiette*	**el tenedor** *la fourchette*
recoger *débarrasser*	**la cuchara** *la cuillère*	**el mantel** *la nappe*	**la servilleta** *la serviette*	**el vaso** *le verre*

5 Rédigez l'ordre correspondant à chaque pictogramme. Mettez le verbe proposé au tutoiement singulier, et le complément au pluriel s'il y a plusieurs objets représentés.

a.  [recoger]

....

b.  [lavar]

....

c.  [poner]

....

d. [tener]

....

6 Reprenez les phrases de l'exercice précédent, en remplaçant le COD par le pronom personnel qui lui correspond. Exemple : Débarrasse les assiettes / Débarrasse-les.

a. ....

b. ....

c. ....

d. ....

7 Si vous êtes à table avec des Espagnols, vous pourrez être amené à dire *Passe-moi ci, passe-moi ça*. Traduisez les phrases suivantes, puis reformulez-les en remplaçant le COD par un pronom personnel.

Passe-moi les couverts.

a. ....

b. ....

Passe-lui le couteau.

c. ....

d. ....

Passe-nous les verres.

e. ....

f. ....

Passe-leur la fourchette.

g. ....

h. ....

Cas particulier : l'impératif des verbes pronominaux

- Au singulier, les verbes pronominaux suivent la règle : le pronom personnel **te** s'accroche à la forme verbale : **levántate**, *lève-toi.*
- Au pluriel, en revanche, la forme normale serait [**levantad** + **os** = **levantados**], mais le **-d** tombe ; on a donc : **levantaos**, *levez-vous.*

8 Mettez ces impératifs au pluriel.

a. ¡Duérmete!

....

b. ¡Despiértate!

....

c. ¡Acuéstate!

....

L'impératif à la 1re personne du pluriel

- Pour donner un ordre à la 1re personne du pluriel, on se sert du subjonctif : **comamos**, *mangeons* ; **cantemos**, *chantons.*
- Les verbes pronominaux ont une petite singularité ; le **-s** final de la forme verbale tombe devant le pronom : **levantémo[s]nos** / **levantémonos**, *levons-nous.*

9 Traduisez ces phrases.

a. Réveillons-nous ! ....

b. Mettons la table ! ....

c. Dînons ! ....

d. Couchons-nous ! ....

L'interdiction

L'interdiction s'exprime par **no + subjonctif.**

si on tutoie	si on vouvoie
No hables, *Ne parle pas.*	**No hable, señor,** *Ne parlez pas, monsieur.*
No habléis, *Ne parlez pas.*	**No hablen, señores,** *Ne parlez pas, messieurs.*

10 **Transformez ces impératifs en interdictions.**

a. ¡Duerme! ....

b. ¡Cantad! ....

c. ¡Haz tu trabajo! ....

d. ¡Ve a esa fiesta! ....

L'impératif quand on vouvoie

On utilise le subjonctif pour marquer le vouvoiement de politesse. Comme vous le savez, l'outil grammatical de la politesse en espagnol, c'est la 3e personne. Ce sera donc ici la 3e personne du subjonctif : **Hable, señor**, *Parlez, monsieur.* **Hablen, señores**, *Parlez, messieurs.* **Levántese, señor**, *Levez-vous, monsieur.* **Levántense, señores**, *Levez-vous, messieurs.*

11 **Passez du tutoiement au vouvoiement et inversement.**

a. ¡Ven a verme! ....

b. ¡Dígame! ....

c. ¡Sed buenos! ....

d. ¡Aprendan español! ....

L'omelette espagnole

el aceite *l'huile*
la cebolla *l'oignon*
el colador *la passoire*
el huevo *l'œuf*
la patata *la pomme de terre*
la sal *le sel*
la sartén *la poêle*
la tortilla *l'omelette*
añadir *ajouter*
batir *battre*
cortar *couper*
cuajar *saisir*
cubrir *couvrir*
dar la vuelta *retourner*
degustar *déguster*
dejar *laisser*
echar *verser*
escurrir *égoutter*
freír *frire*
mezclar *mélanger*
mover* *bouger*
pelar *éplucher*

12 Les huit photographies ci-dessous représentent la recette de la **TORTILLA ESPAÑOLA** dans son déroulement. Dans les huit zones de texte, en revanche, les opérations sont dans le désordre. Reportez face à chaque chiffre de photo la lettre du texte qui lui correspond.

1. ....

2. ....

3. ....

4. ....

5. ....

6. ....

7. ....

8. ....

A. Cubrir el fondo de la sartén con dos cucharas de aceite y echar la mezcla.

B. Servir y degustar. ¡Buen provecho!

C. Darle la vuelta a la tortilla.

D. Batir los huevos, salar y añadir las patatas y cebollas fritas.

E. Pelar y cortar las patatas y las cebollas.

F. Cuando están fritas, escurrirlas en un colador.

G. Freír las patatas y cebollas en abundante aceite.

H. Mover ligeramente la sartén y cuajar la tortilla.

13 **La recette est rédigée à l'infinitif. Soulignez les 14 verbes qui la composent. Réécrivez-les, dans l'ordre de déroulement, sous la forme d'impératifs au tutoiement singulier : « épluchez… », etc.**

a. ……

b. ……

c. ……

d. ……

e. ……

f. ……

g. ……

h. ……

i. ……

j. ……

k. ……

l. ……

m. ……

n. ……

14 **Même exercice au vouvoiement singulier**

a. ……

b. ……

c. ……

d. ……

e. ……

f. ……

g. ……

h. ……

i. ……

j. ……

k. ……

l. ……

m. ……

n. ……

Bravo, vous êtes venu à bout du chapitre 13 ! Il est maintenant temps de comptabiliser les icônes et de reporter le résultat en page 128 pour l'évaluation finale.

14

S'exprimer au passé (1)

L'imparfait de l'indicatif

- C'est le temps qui vous posera le moins de problèmes. Il est très simple à former : on prend le radical de l'infinitif et on ajoute des terminaisons en -**aba** pour les verbes en -**ar** et en -**ía** pour les verbes en -**er** et en -**ir**. Il faut juste être attentif à l'accent tonique : toujours sur le -**í** et à la 1re personne du pluriel pour les verbes en -**ar**.

hablar	tener	vivir
hablaba	tenía	vivía
hablabas	tenías	vivías
hablaba	tenía	vivía
hablábamos	teníamos	vivíamos
hablabais	teníais	vivíais
hablaban	tenían	vivían

- Il y a en tout et pour tout trois verbes irréguliers : **ser**, **ir** et **ver**.

ser	ir	ver
era	iba	veía
eras	ibas	veías
era	iba	veía
éramos	íbamos	veíamos
erais	ibais	veíais
eran	iban	veían

- L'imparfait a pratiquement les mêmes valeurs et les mêmes usages en français et en espagnol. C'est par exemple le temps de la description et celui du récit d'habitudes : **Llovía y los árboles se movían**, *Il pleuvait et les arbres bougeaient.* **Me levantaba todos los días a las siete**, *Je me levais tous les jours à sept heures.*

1 Complétez ce tableau des conjugaisons à l'imparfait.

infinitivo	yo	tú	él, ella, usted	nosotros, nosotras	vosotros, vosotras	ellos, ellas, ustedes
....	pensaba	....	pensaba	....	....	....
....	....	leías	....	....	....	leían
....	....	....	....	....	os movíais	se movían
acostarse	me	....	....	....	....	....

Le courrier, hier et aujourd'hui

mandar *envoyer*	**hoy** *aujourd'hui*	**la carta** *la lettre*	**el móvil** *le portable*	**el sello** *le timbre*
recibir *recevoir*	**el bolígrafo** *le stylo*	**el estanco** *le bureau de tabac*	**la pantalla** *l'écran*	**el sobre** *l'enveloppe*
ahora *maintenant*	**el buzón** *la boîte aux lettres*	**el mensaje** *le message*	**el papel** *le papier*	
antes *avant*			**la postal** *la carte postale*	

2 **Les Schtroumpfs s'appellent en Espagne les PITUFOS et, comme leurs homologues francophones, ils ne connaissent qu'un verbe : PITUFAR, schtroumpfer. Réécrivez ce petit texte, en introduisant les verbes proposés et en mettant le mot qui convient à la place de chaque pictogramme.**

COMPRAR – DAR – DEJAR – ECHAR – ENCANTAR – ESCRIBIR – IR – MANDAR – QUERER – RECIBIR – SER

Antes, cuando pitufabas [..................] comunicarte con la familia y los amigos,

todo pitufaba [..................] mucho más largo que ahora. Pitufábamos [..................]

la  [..................] con el 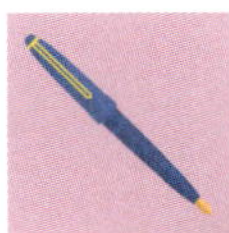 [..................], pitufábamos [..................]

al estanco, pitufábamos [..................] un  [..................] y un

[..................] y lo pitufábamos [..................] al  [..................].

Hoy pitufas [..................] un mensaje con el  [..................], ¡y ya!

Pitufamos [..................] el  [..................] y nos pitufan [..................]

las  [..................], pero a mi me pitufaba [..................] más gusto

cuando pitufaba [..................] una 

[..................].

Le passé simple de l'indicatif régulier

- Le radical est celui de l'infinitif. Les modèles réguliers en -**ar** ont des terminaisons en : -**é** / -**aste** / -**ó** / -**amos** / -**asteis** / -**aron**.
- Les modèles réguliers en -**er** et en -**ir** ont des terminaisons en : -**í** / -**iste** / -**ió** / -**imos** / -**isteis** / -**ieron**.
- Soyez donc très attentif à l'accentuation. Elle détermine la prononciation et une erreur peut vous faire dire un temps à la place d'un autre : **canté**, *je chantai* (passé simple) / **cante**, *que je chante* (subjonctif) ; **cantó**, *il chanta* / **canto**, *je chante* ; **¿te gustó?**, *ça t'a plu ?* / **¿te gusto?**, *je te plais ?*

hablar	comer	vivir
hablé	comí	viví
hablaste	comiste	viviste
habló	comió	vivió
hablamos	comimos	vivimos
hablasteis	comisteis	vivisteis
hablaron	comieron	vivieron

- En français, le passé simple se cantonne pratiquement à la langue littéraire et au récit d'événements historiques. Dans l'usage parlé, il est couramment remplacé par le passé composé.
- Rien de tel en espagnol : on l'utilise dès qu'on parle d'événements passés dont on ne sent pas les prolongements dans le présent : **¿Qué comiste ayer?**, *Qu'as-tu mangé hier ?* (littéralement : *que mangeas-tu hier ?*).

3 Voici quinze formes conjuguées des verbes suivants : LAVAR, DESCUBRIR, PENSAR, VOLVER, CORRER. Barrez les formes qui ne peuvent en aucun cas être des passés simples.

LAVAMOS – CORREMOS – DESCUBRIMOS – PENSÉIS – VOLVISTE – DESCUBRIERON – VOLVEMOS – CORRE – CORRIERON – PIENSAS – VOLVIÓ – LAVÉ – PENSAMOS – DESCUBRÍS – LAVÁIS

Repères temporels du passé

ayer
hier
anoche
la nuit dernière
anteayer
avant-hier
el año pasado
l'année dernière
la semana pasada
la semaine dernière

4 **Voici des couples de phrases ; l'une évoque le présent et l'autre un fait révolu du passé, en utilisant le même verbe. Conjuguez-les au temps qui convient.**

[salir]

a. Los sábados, si no estoy cansado, ... con mis amigos.

b. El sábado pasado no .... con mis amigos.

[acostarse]

c. Dime, Pedro: ¿a qué hora .... anoche?

d. Yo siempre .... a las diez en punto.

[jugar]

e. Ayer el Barça .... muy bien.

f. Esta tarde .... el Real Madrid.

[recoger]

g. Mis hijos nunca .... los platos.

h. Anteayer, por mi cumpleaños, mis hijos .... los platos.

5 **Complétez la traduction de ces phrases.**

a. *Christophe Colomb a découvert l'Amérique en 1492.*
Cristóbal Colón .... América en 1492.

b. *Il savait que la Terre était ronde.*
.... que la Tierra .... redonda.

c. *En arrivant, il pensa qu'il était en Inde.*
Al llegar, ... que .... en la India.

d. *C'est pourquoi il a appelé Indiens les habitants.*
Por eso .... indios a los habitantes.

Le passé composé

- L'espagnol distingue clairement ce qui appartient à une période du passé avec laquelle il est encore en contact, mentalement ou réellement (passé composé), et le passé inactuel (passé simple). **Esta mañana he desayunado con Miguel**, *Ce matin, j'ai pris mon petit déjeuner avec Miguel.* **Anteayer desayuné con Miguel**, *Avant-hier, j'ai pris mon petit déjeuner avec Miguel.*
- Les temps composés sont plus simples en espagnol qu'en français, car il n'y a qu'un auxiliaire (**haber**, *avoir*) et non pas deux, *avoir* et *être* (*j'ai mangé / je suis tombé*).
- **Haber** est suivi du participe passé invariable, formé sur le radical de l'infinitif et terminé en -**ado** (verbes en -**ar**) ou en -**ido** (verbes en -**er** et en -**ir**).

pensar	correr
he pensado	he corrido
has pensado	has corrido
ha pensado	ha corrido
hemos pensado	hemos corrido
habéis pensado	habéis corrido
han pensado	han corrido

6 Traduisez ces phrases en utilisant le passé composé.

a. Tu es sortie ce matin ? ....

b. Nous sommes allés en Espagne. ....

c. Je suis venu te voir. ....

d. Qui a demandé du poisson ? ....

Le passé composé : un piège, des irrégularités

- Il y a une règle d'usage à retenir : contrairement au français, l'espagnol ne sépare pas l'auxiliaire et le participe dans un temps composé. Un éventuel adverbe se place donc après le participe : **He comido bien**, *J'ai bien mangé.*
- Les seules difficultés morphologiques au passé composé concernent le participe passé, qui comporte de nombreuses formes irrégulières. Voyez dans le tableau ci-contre celles des verbes que nous avons déjà rencontrés.

cubrir	cubierto
decir	dicho
escribir	escrito
hacer	hecho
poner	puesto
ver	visto
volver	vuelto

Les quantificateurs

bastante
assez

mucho
beaucoup

demasiado
trop

poco
peu

7 Traduisez les phrases suivantes.

a. J'ai trop dormi.

....

b. Vous avez beaucoup travaillé. (*tutoiement pluriel*)

....

c. Tu as assez bu.

....

d. Elles ont peu dépensé.

....

8 Introduisez ces formes verbales dans la phrase qui convient.

he cubierto / ha dicho / habéis escrito / has vuelto / hemos hecho / han puesto / ha visto

a. ¿Alguien .... al gato?

b. Me .... bien porque hace frío.

c. Se .... la gabardina porque está lloviendo.

d. ¿ .... a vuestros abuelos?

e. ¿Qué .... usted?

f. ¿ .... a cenar en ese restaurante tan malo?

g. ....una tortilla muy buena.

Bravo, vous êtes venu à bout du chapitre 14 ! Il est maintenant temps de comptabiliser les icônes et de reporter le résultat en page 128 pour l'évaluation finale.

15

S'exprimer au passé (2)

Les passés simples forts

- Autant l'imparfait est morphologiquement simple, autant le passé simple est riche d'irrégularités. Le groupe irrégulier le plus important est composé de verbes très usuels, qui ont pour la plupart une même terminaison : -**e**, -**iste**, -**o**, -**imos**, -**isteis**, -**ieron**.
- Vous pouvez le voir dans l'exemple de **estar**, ces terminaisons ne portent pas d'accent écrit, comme les passés simples réguliers à certaines personnes. De plus, le radical est très différent de celui de l'infinitif.

estar (être)	
estuve	*je fus*
estuviste	*tu fus*
estuvo	*il/elle fut*
estuvimos	*nous fûmes*
estuvisteis	*vous fûtes*
estuvieron	*ils/elles furent*

- Voyons les sept autres verbes de ce modèle que nous avons déjà rencontrés (l'ensemble des irréguliers se trouve à la fin du cahier).

Autres irréguliers de mêmes terminaisons	
hacer	hice, hiciste, hizo, hicimos, hicisteis, hicieron
poder	pude, pudiste, pudo, pudimos, pudisteis, pudieron
poner	puse, pusiste, puso, pusimos, pusisteis, pusieron
querer	quise, quisiste, quiso, quisimos, quisisteis, quisieron
saber	supe, supiste, supo, supimos, supisteis, supieron
tener	tuve, tuviste, tuvo, tuvimos, tuvisteis, tuvieron
venir	vine, viniste, vino, vinimos, vinisteis, vinieron

- Apparenté à ce groupe de verbes, **decir** diffère par la terminaison de la 3e personne du pluriel, en -**eron** et non en -**ieron**.

decir *(dire)*	
dije	*je dis*
dijiste	*tu dis*
dijo	*il/elle dit*
dijimos	*nous dîmes*
dijisteis	*vous dîtes*
dijeron	*ils/elles dirent*

- **Ser** et **ir**, enfin, ont la même conjugaison, et des terminaisons irrégulières également.

ser / ir *(être/aller)*	
fui	*je fus / j'allai*
fuiste	*tu fus / allas*
fue	*il/elle fut / alla*
fuimos	*nous fûtes / allâmes*
fuisteis	*vous fûtes / allâtes*
fueron	*ils/elles furent / allèrent*

1 Dans cette grille se trouvent cinq passés simples (horizontalement, verticalement et en diagonale) ; entourez-les.

U	T	A	S	O	P	E
N	D	U	A	F	U	I
Q	A	Y	V	E	D	F
U	U	D	E	J	I	U
I	H	I	Z	O	M	S
S	A	J	S	I	O	T
U	T	O	S	O	S	E

2 Écrivez les cinq verbes trouvés et leur infinitif entre parenthèses.

a. ....

b. ....

c. ....

d. ....

e. ....

Les points cardinaux

el Este *l'est*	**el Oeste** *l'ouest*
el Norte *le nord*	**el Sur** *le sud*

3 Introduisez les formes trouvées dans la grille à l'intérieur de la phrase qui convient.

a. El verano pasado .... de vacaciones al Sur.

b. Un amigo me .... que siempre hacía buen tiempo.

c. Pero no .... bañarnos porque llovía.

d. En pleno mes de agosto, ¡ .... frío!

e. Y mi mujer no .... salir de casa.

4 Complétez ces phrases en y insérant SER ou ESTAR au passé simple.

a. Yo, el mes pasado, ... en el Norte. Me encantó.

b. ¡.................................... unas vacaciones estupendas!

c. Yo siempre .... más amante del frío que del calor.

d. .... una semana, mi mujer y yo, en un albergue.

5 Traduisez ces phrases.

a. J'ai mis la table hier.

....

b. Colomb n'a jamais su qu'il était en Amérique.

....

c. Mes grands-parents ont eu quatre enfants.

....

d. Pourquoi n'êtes-vous pas venus pour mon anniversaire ?

....

Autres irrégularités au passé simple

- Les verbes à affaiblissement (modèle **pedir**) ont des particularités au passé simple. Le -**e** du radical devient un -**i** à la 3e personne du singulier et à celle du pluriel.
- Il existe une autre catégorie de verbes, dits « à alternance », parce qu'ils alternent deux irrégularités : la diphtongaison et l'affaiblissement. Leur radical change, lui aussi, aux 3e personnes du passé simple. Exemples : le -**e** de **sentir** devient un -**i** et le -**o** de **dormir** devient un -**u**.

pedir	sentir	dormir
pedí	sentí	dormí
pediste	sentiste	dormiste
pidió	sintió	durmió
pedimos	sentimos	dormimos
pedisteis	sentisteis	dormisteis
pidieron	sintieron	durmieron

6 **Ces phrases contiennent des verbes présentant les irrégularités expliquées dans la leçon. Transposez-les, du présent au passé simple.**

a. ¿Por qué me mientes? ....

b. Siempre prefiero el Sur al Norte. ....

c. Cristóbal Colón muere en 1506. ....

d. Seguimos este coche durante una hora. ....

e. ¿Cuándo elegís a vuestro presidente? ....

f. Algunos amigos míos prefieren no votar. ....

7 **Traduisez les phrases suivantes.**

a. Avez-vous bien dormi la nuit dernière, monsieur ? ....

b. Est-ce que ce livre t'a servi ? ....

c. Quels vêtements as-tu portés hier ? ....

d. Ils ne m'ont pas demandé d'argent. ....

Verbes en -ducir au passé simple

- Il existe quelques verbes courants, terminés en -**ducir**, qui présentent deux particularités de conjugaison. Vous connaissez la première : une 1re personne du présent en -**zco** : **conduzco**, *je conduis*. La seconde concerne le passé simple : une terminaison en -**je**, -**jiste**, etc., comme vous pouvez le voir ci-contre :

conduje	*je conduisis*
condujiste	*tu conduisis*
condujo	*il/elle conduisit*
condujimos	*nous conduisîmes*
condujisteis	*vous conduisîtes*
condujeron	*ils/elles conduisirent*

8 Cochez la bonne traduction.

a. *Me introduje en la casa.*
- ▢ Il m'a introduit dans la maison.
- ▢ Je me suis introduit dans la maison.
- ▢ Je m'introduis dans la maison.

b. *No produjo nada.*
- ▢ Je n'ai rien produit.
- ▢ Je ne produis rien.
- ▢ Il n'a rien produit.

c. *Tradujisteis esta novela.*
- ▢ Vous avez traduit ce roman.
- ▢ Vous traduisez ce roman.
- ▢ Tu as traduit ce roman.

d. *Conducís demasiado rápido.*
- ▢ Vous avez conduit trop vite.
- ▢ Tu conduis trop vite.
- ▢ Vous conduisez trop vite.

Verbes particuliers au passé simple

- Un certain nombre de verbes en -**er** et -**ir**, dont le radical se termine par une voyelle (**le-er**, *lire* ; **o-ír**, *entendre* ; **ca-er**, *tomber*, etc.), ont un passé simple à irrégularités aux 3ᵉ personnes : un -**y** s'intercale devant la terminaison.
- **Dar**, *donner*, suit curieusement les terminaisons des verbes en -**er** et -**ir** au passé simple. De plus, comme les monosyllabes, il ne porte pas l'accent écrit. C'est aussi par exemple le cas de **ver**, *voir* : **vi**, **viste**, **vio**..., *je vis, tu vis, il vit...*

leer	oír	dar
leí	oí	di
leíste	oíste	diste
leyó	oyó	dio
leímos	oímos	dimos
leísteis	oísteis	disteis
leyeron	oyeron	dieron

9 Complétez les traductions suivantes au passé simple.

a. *Je n'ai pas bien lu le mode d'emploi.* No .... bien el modo de empleo.

b. *Tu n'as pas lu ce que j'ai écrit hier sur mon blog ?* ¿No .... lo que .... ayer en mi blog?

c. *Vous n'avez rien entendu, monsieur ?* ¿No .... usted nada, señor?

d. *Non, je n'ai pas entendu le coup de sifflet.* No, no .... el silbato.

e. *Mes parents m'ont donné un peu d'argent.* Mis padres me .... un poco de dinero.

f. *Tu n'as pas eu peur ?* ¿No te .... miedo?

10 **Voici en quelques phrases un petit récit : l'histoire d'un vol de portefeuille. Nous vous donnons les verbes à l'infinitif : à vous de les remettre dans les phrases, au temps qui vous semble convenir (passé composé, imparfait ou passé simple).**

robar *voler*	**caer** *tomber*	**darse cuenta** *se rendre compte*	**ser** *être*
volver *revenir*	**insistir** *insister*	**tener** *avoir*	**llevar** *porter*
chocar *heurter*	**despedirse** *prendre congé*		**decir** *dire*

a. ¡Policía, policía! ¡Un joven me .... la cartera!

b. Yo .... tranquilamente del mercado, cuando de pronto ese chico .... conmigo.

c. Toda la compra .... al suelo.

d. El muchacho .... en recogerla y .... muy amablemente.

e. Y entonces .... de que ya no .... la cartera.

f. .... bajito y .... un tatuaje en el brazo que .... : "Mamá, te quiero".

Pour suivre l'histoire...

amablemente *aimablement*
la cartera *le portefeuille*
la compra *les courses*
de pronto *soudain*
entonces *alors*
el mercado *le marché*
el muchacho *le jeune homme*
la policía *la police*
el suelo *le sol*
te quiero *je t'aime*
ya no *ne plus*

Bravo, vous êtes venu à bout du chapitre 15 ! Il est maintenant temps de comptabiliser les icônes et de reporter le résultat en page 128 pour l'évaluation finale.

16

Envisager l'avenir et l'irréel

Manières d'exprimer le futur

- Comme en français, un événement à venir peut s'exprimer par une périphrase, avec le verbe *aller*. Ce « futur proche » est (comme le passé composé pour le passé) un peu à cheval sur le présent. Attention, le verbe **ir**, *aller*, est suivi en espagnol de la préposition **a**, même devant un infinitif : **Voy a trabajar**, *Je vais travailler.* **Va a llover**, *Il va pleuvoir.*
- Le futur comme forme verbale est comme en français construit sur l'infinitif, auquel on ajoute des terminaisons dérivées de l'auxiliaire *avoir* : **trabajaré**, *je travaillerai* ; **trabajarás**, *tu travailleras*, etc. Attention à l'accent écrit sur la dernière syllabe, sauf à la 1re personne du pluriel.

trabajaré	*je travaillerai*
trabajarás	*tu travailleras*
trabajará	*il/elle travaillera*
trabajaremos	*nous travaillerons*
trabajaréis	*vous travaillerez*
trabajarán	*ils/elles travailleront*

- Les irrégularités ne concernent que le radical. Il y a douze verbes irréguliers (voir tableau complet en fin de cahier) ; nous avons déjà rencontré les suivants :

decir	diré, dirás, dirá…
haber	habré, habrás, habrá...
hacer	haré, harás, hará…
poder	podré, podrás, podrá…
poner	pondré, pondrás, pondrá…
querer	querré, querrás, querrá…
saber	sabré, sabrás, sabrá…
salir	saldré, saldrás, saldrá…
tener	tendré, tendrás, tendrá…
venir	vendré, vendrás, vendrá…

1 Reformulez ces bonnes résolutions de Nouvel An en remplaçant le futur proche par un futur.

a. Este año vamos a hacer deporte. ....

b. Voy a correr una hora por día. ....

c. Vais a perder peso. ....

d. No vas a beber alcohol. ....

e. No se van a acostar tan tarde. ....

f. Mi vida va a ser diferente. ....

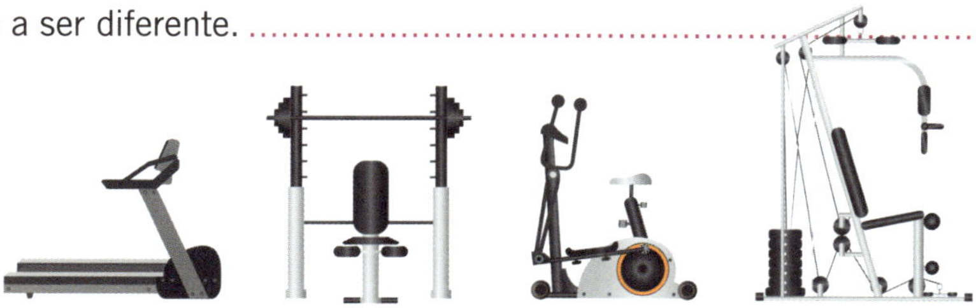

2 Exercice inverse : reformulez les phrases en utilisant le même verbe au futur proche.

a. ¿Vendrás a verme un día? ....

b. Nunca se pondrá esa camisa. ....

c. No diréis nada, ¿de acuerdo? ....

d. No querrá contártelo. ....

e. ¿Cogerá usted el tren de las cuatro? ....

f. Veremos si es posible. ....

Situer dans le temps

dentro de una hora
dans une heure

el año que viene
l'année prochaine

el próximo jueves
jeudi prochain

la semana próxima
la semaine prochaine

mañana
demain

pasado mañana
après-demain

pronto
bientôt

todavía no
pas encore

ya
déjà

3 **Rédigez les réponses au futur, sur ce modèle.**
- ¿Has hecho ya tu cama? [–> plus tard]
- No, todavía no. Más tarde la haré.

a. ¿Has escrito ya la carta para la abuela? **[–> demain]**
No, todavía no. ……………………………………………

b. ¿Sabéis ya todas las conjugaciones?
[–> l'année prochaine]
No, todavía no. ……………………………………………

c. ¿Han vuelto ya de vacaciones? **[–> dans deux semaines]**
No, todavía no. ……………………………………………

d. ¿Has visto ya al médico? **[–> après-demain]**
No, todavía no. ……………………………………………

e. ¿Se lo habéis dicho ya? **[–> bientôt]**
No, todavía no. ……………………………………………

f. ¿Ha salido ya del hospital? **[–> lundi prochain]**
No, todavía no. ……………………………………………

g. ¿Tienes ya dieciocho años? **[–> l'été prochain]**
No, todavía no. ……………………………………………

Le futur dans la subordonnée temporelle et relative

- Dans la phrase **No sé cuándo tendré dinero**, *Je ne sais pas quand j'aurai de l'argent*, vous remarquez que **cuándo** porte l'accent écrit, typique des mots interrogatifs. Il s'agit de fait d'une interrogative indirecte, qui s'exprime aux mêmes temps qu'en français.
- Mais attention ! Lorsque **cuando** (sans accent) introduit une subordonnée de temps, le futur est impossible : on le remplace en espagnol par le subjonctif présent. Ne dites donc jamais **Cuando ~~tendré~~ dinero, iré a México**, mais **Cuando tenga dinero, iré a México**, *Quand j'aurai de l'argent, j'irai au Mexique.*
- La même règle s'applique dans la subordonnée relative. Ne dites pas : **Haz lo que ~~podrás~~**, mais **Haz lo que puedas**, *Fais ce que tu pourras.*

4 Quelle est la bonne traduction pour chacune des phrases ?

a. *Quand tu auras envie, dis-le-moi.*
☐ Cuando tengas ganas, dímelo.
☐ Cuando tendrás ganas, dímelo.

b. *Je ne sais pas à quelle heure je sortirai.*
☐ No sé a qué hora salga.
☐ No sé a qué hora saldré.

c. *Fais ce que tu voudras.*
☐ Haz lo que querrás.
☐ Haz lo que quieras.

d. *Quand tu le verras, pose-lui la question.*
☐ Cuando lo verás, pregúntale.
☐ Cuando lo veas, pregúntale.

e. *Je me demande quand il viendra.*
☐ Me pregunto cuándo venga.
☐ Me pregunto cuándo vendrá.

f. *Je ferai ce que tu diras.*
☐ Haré lo que digas.
☐ Haré lo que dirás.

5 Traduisez ces phrases.

a. Quand tu te réveilleras, appelle-moi. ....

b. Quand ils seront à la maison, dis-le-moi. ....

c. Sais-tu à quelle heure nous dînerons ? ....

d. Nous dînerons quand nous pourrons. ....

6 Transformez ces phrases selon le modèle. Je ne peux pas te parler de lui parce que je ne le connais pas bien. / Quand je le connaîtrai bien, je pourrai te parler de lui.

a. No puedo hablarte de él porque no lo conozco bien.

....

b. No salimos a pasear porque no hace buen tiempo.

....

c. No leo más libros porque no tengo tiempo.

....

d. No habláis mejor español porque no vais a España.

....

Le futur dans le style indirect

- Le futur peut aussi se trouver dans une subordonnée complétive, introduite par **que**. La construction est ici la même qu'en français : **Dice que me ayudará**, *Il dit qu'il m'aidera.*
- La concordance des temps se fait également de la même manière dans les deux langues. Si le verbe principal est au passé, le futur devient un conditionnel : **Dijo que me ayudaría**, *Il a dit qu'il m'aiderait.*

- Pour former le conditionnel espagnol, il vous suffit d'avoir en tête le futur : les radicaux sont les mêmes, qu'ils soient réguliers (c'est l'infinitif) ou irréguliers. La terminaison ressemble, comme en français, à celle d'un imparfait du 2e groupe : **-ía**, **-ías**, etc.

trabajar
trabajaría
trabajarías
trabajaría
trabajaríamos
trabajaríais
trabajarían

decir	diría, dirías…
haber	habría, habrías…
hacer	haría, harías…
poder	podría, podrías…
poner	pondría, pondrías…
querer	querría, querrías…
saber	sabría, sabrías…
salir	saldría, saldrías…
tener	tendría, tendrías…
venir	vendría, vendrías…

7 Traduisez ces phrases.

a. Je pensais qu'il serait content de te voir.

....

b. Tu croyais qu'il ne me dirait rien ?

....

c. Je me demandais si tu mangerais avec nous.

....

d. Il me disait que je serais toujours le bienvenu.

....

e. Je savais qu'il pleuvrait.

....

8 Réécrivez les phrases de l'exercice précédent en mettant le verbe principal au présent.

a. ....

b. ....

c. ....

d. ....

e. ....

Envisager l'irréel

- Les événements simplement possibles s'expriment, comme en français, par une conditionnelle aux temps de l'indicatif. **Si puedo, iré a verte**, *Si je peux, j'irai te voir.* C'est ce que l'on appelle le potentiel.
- L'irréel du présent (événements non réalisables au moment où l'on parle) s'exprime par le conditionnel dans la principale (comme en français), mais avec l'imparfait du subjonctif dans la subordonnée. **Si pudiera, iría a verte**, *Si je pouvais, j'irais te voir.*
- L'imparfait du subjonctif, peu courant dans le français parlé, est donc très usuel en espagnol. Il se construit sur la 3e personne du pluriel du passé simple, dont on remplace la dernière syllabe par des terminaisons en -**ra**, -**ras**, -**ra**, -**ramos**, -**rais**, -**ran**. Exemples : **trabajaron** (passé simple) / **trabajara, trabajaras**, etc. ; **tuvieron** (passé simple) / **tuviera, tuvieras**, etc.

trabajar	salir	tener
trabajara	saliera	tuviera
trabajaras	salieras	tuvieras
trabajara	saliera	tuviera
trabajáramos	saliéramos	tuviéramos
trabajarais	salierais	tuvierais
trabajaran	salieran	tuvieran

- Soyez attentif à l'accentuation de ces formes, qui commande la prononciation. À la 1re personne du pluriel : **trabajáramos** [tRaba**Ha**Ramoss]. L'accent vous permet souvent de distinguer l'imparfait du subjonctif et le futur : **trabajarás**, *tu travailleras* [tRabaHa**Rass**]. **Trabajaras**, *que tu travaillasses* [tRaba**Ha**Rass].
- Sachez qu'il existe une deuxième forme de l'imparfait du subjonctif, équivalente, en -**se** : **trabajase, trabajases, trabajase, trabajásemos, trabajaseis, trabajasen**.

9 **Les phrases proposées sont, comme vous le voyez, formulées au potentiel. Traduisez-les, puis exprimez-les à l'irréel du présent.**

Si tu m'aimes, tu le feras.

a. .... b. ....

Si tu le fais, je serai contente.

c. .... d. ....

S'il neige, nous irons à Sierra Nevada.

e. .... f. ....

Si nous allons à Sierra Nevada, nous verrons aussi Grenade.

g. ....

h. ....

10 **Les rêveries du personnage sont exprimées au futur ; reformulez-les à l'irréel du présent.** Exemple : Quand je serai riche... / Si j'étais riche...

a. Cuando me toque la lotería, no sabré qué hacer con el dinero.

b. Cuando tenga millones, la gente vendrá a pedirme.

c. Cuando sea rico, ¿seré más feliz?

a. ....

b. ....

c. ....

L'irréel du passé

- On peut, enfin, parler d'événements qui auraient pu se produire dans le passé (« si j'avais fait ceci, j'aurais eu cela »). Pour dire cet irréel du passé, on utilisera donc des temps composés. Ceux-ci se forment en espagnol avec l'auxiliaire *avoir.*
- Dans la subordonnée, on aura le plus-que-parfait du subjonctif (**haber** à l'imparfait du subjonctif + participe passé) : **Si hubiera sabido...**, *Si j'avais su...*
- Dans la principale, on a le conditionnel passé (**haber** au conditionnel + participe passé) : **no lo habría hecho**, *je ne l'aurais pas fait.*

11 **Transformez ces phrases à l'irréel du passé.**

a. Si me quisieras, lo harías.

....

b. Si lo viera, te lo diría.

....

c. Si le escribiéramos, se pondría contento.

....

d. Si hicierais deporte, perderíais peso.

....

12 **Associez logiquement les étiquettes des deux boîtes, et rédigez les phrases qui en résultent à l'irréel du passé.**

a. Si ....

b. Si ....

c. Si ....

d. Si ....

Bravo, vous êtes venu à bout du chapitre 16 ! Il est maintenant temps de comptabiliser les icônes et de reporter le résultat en page 128 pour l'évaluation finale.

Infinitivo *(infinitif)*	Presente de indicativo *(indicatif présent)*	Presente de subjuntivo *(subjonctif présent)*	Imperativo *(impératif)*		Pretérito imperfecto de indicativo *(indicatif imparfait)*
Les verbes réguliers					
Hablar *parler*	hablo hablas habla hablamos habláis hablan	hable hables hable hablemos habléis hablen	habla	hablad	hablaba hablabas hablaba hablábamos hablabais hablaban
Aprender *apprendre*	aprendo aprendes aprende aprendemos aprendéis aprenden	aprenda aprendas aprenda aprendamos aprendáis aprendan	aprende	aprended	aprendía aprendías aprendía aprendíamos aprendíais aprendían
Vivir *vivre*	vivo vives vive vivimos vivís viven	viva vivas viva vivamos viváis vivan	vive	vivid	vivía vivías vivía vivíamos vivíais vivían
Les verbes à diphtongue e ➔ ie o ➔ ue					
Pensar *penser*	pienso piensas piensa pensamos pensáis piensan	piense pienses piense pensemos penséis piensen	piensa	pensad	pensaba pensabas pensaba pensábamos pensabais pensaban
Entender *comprendre*	entiendo entiendes entiende entendemos entendéis entienden	entienda entiendas entienda entendamos entendáis entiendan	entiende	entended	entendía entendías entendía entendíamos entendíais entendían
Contar *raconter*	cuento cuentas cuenta contamos contáis cuentan	cuente cuentes cuente contemos contéis cuenten	cuenta	contad	contaba contabas contaba contábamos contabais contaban
Mover *bouger*	muevo mueves mueve movemos movéis mueven	mueva muevas mueva movamos mováis muevan	mueve	moved	movía movías movía movíamos movíais movían
Les verbes à affaiblissement e ➔ i					
Pedir *demander*	pido pides pide pedimos pedís piden	pida pidas pida pidamos pidáis pidan	pide	pedid	pedía pedías pedía pedíamos pedíais pedían

Même modèle pour : seguir, corregir, despedir, elegir, impedir, medir, servir, vestir.

Les irrégularités sont indiquées en orange.

Pretérito indefinido *(passé simple)*	Pretérito imperfecto de subjuntivo *(subjonctif imparfait)*	Futuro *(futur)*	Condicional *(conditionnel)*	Gerundio / part. pasivo *(part. présent / passé)*
Les verbes réguliers				
hablé hablaste habló hablamos hablasteis hablaron	hablara hablaras hablara habláramos hablarais hablaran	hablaré hablarás hablará hablaremos hablaréis hablarán	hablaría hablarías hablaría hablaríamos hablaríais hablarían	hablando hablado
aprendí aprendiste aprendió aprendimos aprendisteis aprendieron	aprendiera aprendieras aprendiera aprendiéramos aprendierais aprendieran	aprenderé aprenderás aprenderá aprenderemos aprenderéis aprenderán	aprendería aprenderías aprendería aprenderíamos aprenderíais aprenderían	aprendiendo aprendido
viví viviste vivió vivimos vivisteis vivieron	viviera vivieras viviera viviéramos vivierais vivieran	viviré vivirás vivirá viviremos viviréis vivirán	viviría vivirías viviría viviríamos viviríais vivirían	viviendo vivido
Les verbes à diphtongue e ➜ ie o ➜ ue				
pensé pensaste pensó pensamos pensasteis pensaron	pensara pensaras pensara pensáramos pensarais pensaran	pensaré pensarás pensará pensaremos pensaréis pensarán	pensaría pensarías pensaría pensaríamos pensaríais pensarían	pensando pensado
entendí entendiste entendió entendimos entendisteis entendieron	entendiera entendieras entendiera entendiéramos entendierais entendieran	entenderé entenderás entenderá entenderemos entenderéis entenderán	entendería entenderías entendería entenderíamos entenderíais entenderían	entendiendo entendido
conté contaste contó contamos contasteis contaron	contara contaras contara contáramos contarais contaran	contaré contarás contará contaremos contaréis contarán	contaría contarías contaría contaríamos contaríais contarían	contando contado
moví moviste movió movimos movisteis movieron	moviera movieras moviera moviéramos movierais movieran	moveré moverás moverá moveremos moveréis moverán	movería moverías movería moveríamos moveríais moverían	moviendo movido
Les verbes à affaiblissement e ➜ i				
pedí pediste pidió pedimos pedisteis pidieron	pidiera pidieras pidiera pidiéramos pidierais pidieran	pediré pedirás pedirá pediremos pediréis pedirán	pediría pedirías pediría pediríamos pediríais pedirían	pidiendo pedido

Même modèle pour : seguir, corregir, despedir, elegir, impedir, medir, servir, vestir.

<table>
<tr><th>Infinitivo
(infinitif)</th><th>Presente de indicativo
(indicatif présent)</th><th>Presente de subjuntivo
(subjonctif présent)</th><th colspan="2">Imperativo
(impératif)</th><th>Pretérito imperfecto de indicativo
(indicatif imparfait)</th></tr>
<tr><td colspan="6">**Les verbes à alternance e → ie et i o → ue et u**</td></tr>
<tr><td>**Sentir**
sentir, ressentir</td><td>siento
sientes
siente
sentimos
sentís
sienten</td><td>sienta
sientas
sienta
sintamos
sintáis
sientan</td><td>siente</td><td>sentid</td><td>sentía
sentías
sentía
sentíamos
sentíais
sentían</td></tr>
<tr><td colspan="6">**Même modèle pour : divertir, mentir, preferir, sugerir.**</td></tr>
<tr><td>**Dormir**
dormir</td><td>duermo
duermes
duerme
dormimos
dormís
duermen</td><td>duerma
duermas
duerma
durmamos
durmáis
duerman</td><td>duerme</td><td>dormid</td><td>dormía
dormías
dormía
dormíamos
dormíais
dormían</td></tr>
<tr><td colspan="6">**Même modèle pour : morir.**</td></tr>
<tr><td colspan="6">**Les verbes en -acer / -ecer / -ocer / -ucir, type conocer c → zc**</td></tr>
<tr><td>**Conocer**
connaître</td><td>conozco
conoces
conoce
conocemos
conocéis
conocen</td><td>conozca
conozcas
conozca
conozcamos
conozcáis
conozcan</td><td>conoce</td><td>conoced</td><td>conocía
conocías
conocía
conocíamos
conocíais
conocían</td></tr>
<tr><td colspan="6">**Même modèle pour : nacer, obedecer, padecer, parecer, pertenecer, relucir.**</td></tr>
<tr><td colspan="6">**Les verbes en -ducir, type conducir c → zc c → j**</td></tr>
<tr><td>**Conducir**
conduire</td><td>conduzco
conduces
conduce
conducimos
conducís
conducen</td><td>conduzca
conduzcas
conduzca
conduzcamos
conduzcáis
conduzcan</td><td>conduce</td><td>conducid</td><td>conducía
conducías
conducía
conducíamos
conducíais
conducían</td></tr>
<tr><td colspan="6">**Même modèle pour : deducir, introducir, producir, traducir, seducir.**</td></tr>
<tr><td colspan="6">**Autres verbes irréguliers**</td></tr>
<tr><td>**Andar**
marcher</td><td>ando
andas
anda
andamos
andáis
andan</td><td>ande
andes
ande
andemos
andéis
anden</td><td>anda</td><td>andad</td><td>andaba
andabas
andaba
andábamos
andabais
andaban</td></tr>
<tr><td>**Caber**
rentrer, tenir</td><td>**quepo**
cabes
cabe
cabemos
cabéis
caben</td><td>**quepa**
quepas
quepa
quepamos
quepáis
quepan</td><td>–</td><td>cabed</td><td>cabía
cabías
cabía
cabíamos
cabíais
cabían</td></tr>
<tr><td>**Caer**
tomber</td><td>**caigo**
caes
cae
caemos
caéis
caen</td><td>**caiga**
caigas
caiga
caigamos
caigáis
caigan</td><td>cae</td><td>caed</td><td>caía
caías
caía
caíamos
caíais
caían</td></tr>
</table>

Pretérito indefinido *(passé simple)*	Pretérito imperfecto de subjuntivo *(subjonctif imparfait)*	Futuro *(futur)*	Condicional *(conditionnel)*	Gerundio / part. pasivo *(part. présent / passé)*
Les verbes à alternance e ➜ ie et i o ➜ ue et u				
sentí sentiste sintió sentimos sentisteis sintieron	sintiera sintieras sintiera sintiéramos sintierais sintieran	sentiré sentirás sentirá sentiremos sentiréis sentirán	sentiría sentirías sentiría sentiríamos sentiríais sentirían	sintiendo sentido
Même modèle pour : divertir, mentir, preferir, sugerir.				
dormí dormiste durmió dormimos dormisteis durmieron	durmiera durmieras durmiera durmiéramos durmierais durmieran	dormiré dormirás dormirá dormiremos dormiréis dormirán	dormiría dormirías dormiría dormiríamos dormiríais dormirían	durmiendo dormido
Même modèle pour : morir.				
Les verbes en -acer / -ecer / -ocer / -ucir, type conocer c ➜ zc				
conocí conociste conoció conocimos conocisteis conocieron	conociera conocieras conociera conociéramos conocierais conocieran	conoceré conocerás conocerá conoceremos conoceréis conocerán	conocería conocerías conocería conoceríamos conoceríais conocerían	conociendo conocido
Même modèle pour : nacer, obedecer, padecer, parecer, pertenecer, relucir.				
Les verbes en -ducir, type conducir c ➜ zc c ➜ j				
conduje condujiste condujo condujimos condujisteis condujeron	condujera condujeras condujera condujéramos condujerais condujeran	conduciré conducirás conducirá conduciremos conduciréis conducirán	conduciría conducirías conduciría conduciríamos conduciríais conducirían	conduciendo conducido
Même modèle pour : deducir, introducir, producir, traducir, seducir.				
Autres verbes irréguliers				
anduve anduviste anduvo anduvimos anduvisteis anduvieron	anduviera anduvieras anduviera anduviéramos anduvierais anduvieran	andaré andarás andará andaremos andaréis andarán	andaría andarías andaría andaríamos andaríais andarían	andando andado
cupe cupiste cupo cupimos cupisteis cupieron	cupiera cupieras cupiera cupiéramos cupierais cupieran	cabré cabrás cabrá cabremos cabréis cabrán	cabría cabrías cabría cabríamos cabríais cabrían	cabiendo cabido
caí caíste cayó caímos caísteis cayeron	cayera cayeras cayera cayéramos cayerais cayeran	caeré caerás caerá caeremos caeréis caerán	caería caerías caería caeríamos caeríais caerían	cayendo caído

Infinitivo *(infinitif)*	Presente de indicativo *(indicatif présent)*	Presente de subjuntivo *(subjonctif présent)*	Imperativo *(impératif)*		Pretérito imperfecto de indicativo *(indicatif imparfait)*
Autres verbes irréguliers					
Dar *donner*	doy das da damos dais dan	dé des dé demos deis den	da	dad	daba dabas daba dábamos dabais daban
Decir *dire*	digo dices dice decimos decís dicen	diga digas diga digamos digáis digan	di	decid	decía decías decía decíamos decíais decían
Estar *être*	estoy estás está estamos estáis están	esté estés esté estemos estéis estén	está	estad	estaba estabas estaba estábamos estabais estaban
Haber *auxiliaire avoir*	he has ha hemos habéis han	haya hayas haya hayamos hayáis hayan	–	–	había habías había habíamos habíais habían
Hacer *faire*	hago haces hace hacemos hacéis hacen	haga hagas haga hagamos hagáis hagan	haz	haced	hacía hacías hacía hacíamos hacíais hacían
Ir *aller*	voy vas va vamos vais van	vaya vayas vaya vayamos vayáis vayan	ve	id	iba ibas iba íbamos ibais iban
Oír *entendre*	oigo oyes oye oímos oís oyen	oiga oigas oiga oigamos oigáis oigan	oye	oíd	oía oías oía oíamos oíais oían
Poder *pouvoir*	puedo puedes puede podemos podéis pueden	pueda puedas pueda podamos podáis puedan	–	–	podía podías podía podíamos podíais podían
Poner *mettre, poser*	pongo pones pone ponemos ponéis ponen	ponga pongas ponga pongamos pongáis pongan	pon	poned	ponía ponías ponía poníamos poníais ponían

Pretérito indefinido *(passé simple)*	Pretérito imperfecto de subjuntivo *(subjonctif imparfait)*	Futuro *(futur)*	Condicional *(conditionnel)*	Gerundio / part. pasivo *(part. présent / passé)*
Autres verbes irréguliers				
di diste dio dimos disteis dieron	diera dieras diera diéramos dierais dieran	daré darás dará daremos daréis darán	daría darías daría daríamos daríais darían	dando dado
dije dijiste dijo dijimos dijisteis dijeron	dijera dijeras dijera dijéramos dijerais dijeran	diré dirás dirá diremos diréis dirán	diría dirías diría diríamos diríais dirían	diciendo dicho
estuve estuviste estuvo estuvimos estuvisteis estuvieron	estuviera estuvieras estuviera estuviéramos estuvierais estuvieran	estaré estarás estará estaremos estaréis estarán	estaría estarías estaría estaríamos estaríais estarían	estando estado
hube hubiste hubo hubimos hubisteis hubieron	hubiera hubieras hubiera hubiéramos hubierais hubieran	habré habrás habrá habremos habréis habrán	habría habrías habría habríamos habríais habrían	habiendo habido
hice hiciste hizo hicimos hicisteis hicieron	hiciera hicieras hiciera hiciéramos hicierais hicieran	haré harás hará haremos haréis harán	haría harías haría haríamos haríais harían	haciendo hecho
fui fuiste fue fuimos fuisteis fueron	fuera fueras fuera fuéramos fuerais fueran	iré irás irá iremos iréis irán	iría irías iría iríamos iríais irían	yendo ido
oí oíste oyó oímos oísteis oyeron	oyera oyeras oyera oyéramos oyerais oyeran	oiré oirás oirá oiremos oiréis oirán	oiría oirías oiría oiríamos oiríais oirían	oyendo oído
pude pudiste pudo pudimos pudisteis pudieron	pudiera pudieras pudiera pudiéramos pudierais pudieran	podré podrás podrá podremos podréis podrán	podría podrías podría podríamos podríais podrían	pudiendo podido
puse pusiste puso pusimos pusisteis pusieron	pusiera pusieras pusiera pusiéramos pusierais pusieran	pondré pondrás pondrá pondremos pondréis pondrán	pondría pondrías pondría pondríamos pondríais pondrían	poniendo puesto

Infinitivo *(infinitif)*	Presente de indicativo *(indicatif présent)*	Presente de subjuntivo *(subjonctif présent)*	Imperativo *(impératif)*		Pretérito imperfecto de indicativo *(indicatif imparfait)*
Autres verbes irréguliers					
Querer *vouloir, aimer*	quiero quieres quiere queremos queréis quieren	quiera quieras quiera queramos queráis quieran	quiere	quered	quería querías quería queríamos queríais querían
Saber *savoir*	sé sabes sabe sabemos sabéis saben	sepa sepas sepa sepamos sepáis sepan	sabe	sabed	sabía sabías sabía sabíamos sabíais sabían
Salir *sortir, partir*	salgo sales sale salimos salís salen	salga salgas salga salgamos salgáis salgan	sal	salid	salía salías salía salíamos salíais salían
Ser *être*	soy eres es somos sois son	sea seas sea seamos seáis sean	sé	sed	era eras era éramos erais eran
Tener *avoir, posséder*	tengo tienes tiene tenemos tenéis tienen	tenga tengas tenga tengamos tengáis tengan	ten	tened	tenía tenías tenía teníamos teníais tenían
Traer *apporter*	traigo traes trae traemos traéis traen	traiga traigas traiga traigamos traigáis traigan	trae	traed	traía traías traía traíamos traíais traían
Valer *valoir*	valgo vales vale valemos valéis valen	valga valgas valga valgamos valgáis valgan	vale	valed	valía valías valía valíamos valíais valían
Venir *venir*	vengo vienes viene venimos venís vienen	venga vengas venga vengamos vengáis vengan	ven	venid	venía venías venía veníamos veníais venían
Ver *voir*	veo ves ve vemos veis ven	vea veas vea veamos veáis vean	ve	ved	veía veías veía veíamos veíais veían

Pretérito indefinido *(passé simple)*	Pretérito imperfecto de subjuntivo *(subjonctif imparfait)*	Futuro *(futur)*	Condicional *(conditionnel)*	Gerundio / part. pasivo *(part. présent / passé)*
Autres verbes irréguliers				
quise **quisiste** **quiso** **quisimos** **quisisteis** **quisieron**	**quisiera** **quisieras** **quisiera** **quisiéramos** **quisierais** **quisieran**	**querré** **querrás** **querrá** **querremos** **querréis** **querrán**	**querría** **querrías** **querría** **querríamos** **querríais** **querrían**	queriendo querido
supe **supiste** **supo** **supimos** **supisteis** **supieron**	**supiera** **supieras** **supiera** **supiéramos** **supierais** **supieran**	**sabré** **sabrás** **sabrá** **sabremos** **sabréis** **sabrán**	**sabría** **sabrías** **sabría** **sabríamos** **sabríais** **sabrían**	sabiendo sabido
salí saliste salió salimos salisteis salieron	saliera salieras saliera saliéramos salierais salieran	**saldré** **saldrás** **saldrá** **saldremos** **saldréis** **saldrán**	**saldría** **saldrías** **saldría** **saldríamos** **saldríais** **saldrían**	saliendo salido
fui **fuiste** **fue** **fuimos** **fuisteis** **fueron**	**fuera** **fueras** **fuera** **fuéramos** **fuerais** **fueran**	seré serás será seremos seréis serán	sería serías sería seríamos seríais serían	siendo sido
tuve **tuviste** **tuvo** **tuvimos** **tuvisteis** **tuvieron**	**tuviera** **tuvieras** **tuviera** **tuviéramos** **tuvierais** **tuvieran**	**tendré** **tendrás** **tendrá** **tendremos** **tendréis** **tendrán**	**tendría** **tendrías** **tendría** **tendríamos** **tendríais** **tendrían**	teniendo tenido
traje **trajiste** **trajo** **trajimos** **trajisteis** **trajeron**	**trajera** **trajeras** **trajera** **trajéramos** **trajerais** **trajeran**	traeré traerás traerá traeremos traeréis traerán	traería traerías traería traeríamos traeríais traerían	**trayendo** traído
valí valiste valió valimos valisteis valieron	valiera valieras valiera valiéramos valierais valieran	**valdré** **valdrás** **valdrá** **valdremos** **valdréis** **valdrán**	**valdría** **valdrías** **valdría** **valdríamos** **valdríais** **valdrían**	valiendo valido
vine **viniste** **vino** **vinimos** **vinisteis** **vinieron**	**viniera** **vinieras** **viniera** **viniéramos** **vinierais** **vinieran**	**vendré** **vendrás** **vendrá** **vendremos** **vendréis** **vendrán**	**vendría** **vendrías** **vendría** **vendríamos** **vendríais** **vendrían**	viniendo venido
vi viste vio vimos visteis vieron	viera vieras viera viéramos vierais vieran	veré verás verá veremos veréis verán	vería verías vería veríamos veríais verían	viendo **visto**

Chapitre 1 : Prononcer l'espagnol

1 **a**. Tenerife **b**. Toledo **c**. Lugo **d**. Burgos **e**. Teruel

2 **a**. [aoustRalia] **b**. [loïRa] **c**. [éouRopa] **d**. [RRéïno ounido] **e**. [bouénoss aïRéss]

3 **a**. [RR] **b**. [R] **c**. [RR] **d**. [R] **e**. [RR] **f**. [R] **g**. [RR]

4 **a**. [g'ni] **b**. [bi] **c**. comme en français **d**. [lya] **e**. comme en français **f**. [tcho] **g**. [a'n]

5 **a**. guitaRRa **b**. Hitano **c**. RRoHo **d**. agoua **e**. HiRafa **f**. a'nHél

6 **a**. [ZaRagoZa] **b**. [caZéRéss] **c**. [mouRZia] **d**. [écouadoR] **e**. [bRassil] **f**. [bénéZouéla]

7 **a**. □■ **b**. □□■ **c**. □■□ **d**. □■□ **e**. □■□ **f**. □■□

8 **a**. Pérez **b**. Dalí **c**. Tomás **d**. Martín **e**. Miró **f**. Sánchez

9

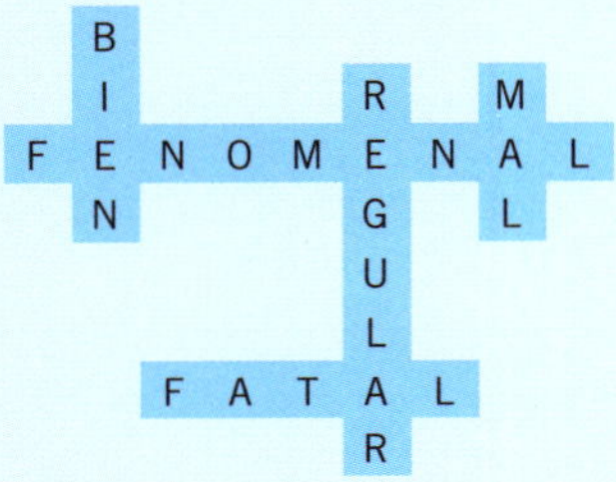

10 **a**. bien **b**. regular **c**. mal **d**. fenomenal **e**. fatal

11 **a**. buenas tardes 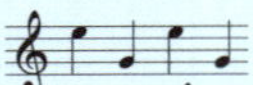 **b**. buenas noches  **c**. buenos días 

12 **a**. hasta pronto **b**. hasta la próxima **c**. adiós

Chapitre 2 : Accorder les mots

1 **a**. la ; del **b**. las ; de los **c**. el ; de **d**. los ; de la

2 **A1**. Quiero café. **A2**. Tengo amigas. **A3**. Tengo pan. **B1**. Tengo vecinos. **B2**. Quiero azúcar. **B3**. Quiero pescado. **C1**. Tengo vino. **C2**. Tengo un niño. **C3**. Quiero carne.

3 **a**. azul **b**. negro **c**. rojo **d**. amarillo **e**. verde

4 **a**. La moto es naranja **b**. La sangre es roja. **c**. El tomate es verde. **d**. La leche es blanca. **e**. El coche es rosa. **f**. El café es marrón.

5 **a**. Los reyes de España son jóvenes. **b**. Los perros son fieles. **c**. Las manos son útiles. **d**. Los problemas son fáciles.

6 **a**. La leche caliente **b**. La vecina fea **c**. La hermana alegre **d**. El idioma difícil **e**. La mano grande **f**. El compañero bajo

7 **a**. El coche del deportista es grande. **b**. El amigo de la vecina es guapo. **c**. La hija del vecino es alegre. **d**. La moto de la mujer es marrón.

8 **a**. Tengo el pelo negro. **b**. Quiero pasta. **c**. La gente es triste. **d**. Quiero fruta verde. **e**. La ropa es pequeña. **f**. Tengo un equipaje azul.

9 **a**. Portugal ; portugués **b**. Alemania ; alemán **c**. Francia ; francés ; **d**. Argentina ; argentino **e**. Inglaterra ; inglés **f**. Bélgica ; belga **g**. México ; mexicano **h**. Estados Unidos ; estadounidense

10 **a**. Guadalupe es mexicana. **b**. François y Julie son franceses. **c**. Hillary es estadounidense. **d**. Linda y Lucinda son portuguesas. **e**. Jules y Théo son belgas. **f**. Margareth es inglesa. **g**. Diego y Eva son argentinos. **h**. Angela y Frida son alemanas.

Chapitre 3 : Poser des questions et y répondre

1 **a**. doce **b**. siete **c**. tres **d**. once **e**. cinco **f**. ocho **g**. dos **h**. nueve **i**. seis **j**. diez **k**. cuatro **l**. uno **m**. cero

2 **a**. Son las dos de la tarde **b**. Son las once y media de la mañana **c**. Son las nueve menos cinco de la mañana **d**. Son las diez menos cuarto de la noche **e**. Son las tres y cuarto de la mañana **f**. Son las doce y diez de la mañana

3 dieciocho, diecinueve, veinticuatro, veinticinco, veintisiete, veintiocho, treinta y tres, treinta y cuatro, treinta y cinco

4

	treinta y ocho	treinta y seis	
treinta y dos			veintiséis
	veintiocho	treinta	
	catorce		cuarenta

5 **a**. entre **b**. menos **c**. por **d**. más

6 **a**. ¿Qué edad tienes? **b**. Tengo cincuenta y cuatro años. **c**. ¿Cuántos años tenéis? **d**. Tenemos doce años.

7 **a**. ¿Qué edad tiene usted? **b**. Tengo veintinueve años. **c**. ¿Cuántos años tienen ustedes? **d**. Tenemos setenta y siete años.

8 **a**. j.cordoba@gmail.com **b**. cordoba57.j@telefonica.es

9 **a**. nueve cincuenta veintitrés cincuenta y seis setenta y siete **b**. seis ochenta y tres treinta y uno cuarenta y cuatro diez **c**. nueve cero dos ochenta y cinco cincuenta y nueve noventa

10 **a**. ¿Cómo te llamas? **b**. Me llamo Gloria. **c**. ¿Cómo os llamáis? **d**. Nos llamamos Isabel y Fernando. **e**. ¿Cómo se llama usted? **f**. Me llamo Belén Pellicer. **g**. ¿Cómo se llaman tus perros? **h**. Mis perros se llaman Loco y Atila.

11 **a**. ¿Cuál es tu nombre? **b**. ¿Cuál es tu apellido? **c**. ¿Cuál es tu dirección de correo? **d**. ¿Cuál es tu número de teléfono?

12 **a**. ¿De dónde eres? Soy andaluz. Soy de Sevilla. **b**. ¿Es usted catalana? Sí, soy catalana. Soy de Barcelona. **c**. ¿Es usted gallega? No, no soy gallega. Soy de Mérida, soy extremeña. **d**. ¿De dónde eres? Soy vasco. Soy de Bilbao.

13 **a**. ¿Sois navarros? Sí, somos navarros. Somos de Pamplona.

14 **a**. ¿De dónde sois? Somos valencianas. Somos de Valencia.

Chapitre 4 : Présenter une personne

1 **a.** ¡Soy yo! **b.** ¡Somos nosotras! **c.** ¿Sois vosotros/vosotras? **d.** ¿Eres tú? **e.** ¿Es usted? **f.** ¡Son ellos!

2 Hola, soy Manolito. Él es mi padre, se llama Manuel, y ella es mi madre, Isabel. Ellas son mis dos hermanas, Adriana y Ángeles. Y él es mi hermano pequeño, Gerardo.

3

	M	C	A	S	T	A	Ñ	O
	O					O		
O	R	E	J	A		J		
P	E	L	I	R	R	O	J	O
	N			U			P	
	O			B			E	
	N	A	R	I	Z		L	
	B	I	G	O	T	E	O	

4 - ¿Cuántas hermanas tiene Manolito?
- Manolito tiene dos hermanas.

5 **a.** moreno **b.** rubia **c.** fuerte y bajo **d.** alta y delgada **e.** gafas **f.** ojos azules **g.** bigote **h.** pelo largo

6 **a.** ¿En qué trabajáis? Somos panaderos. **b.** ¿Cuál es tu profesión? Soy carnicero.

7 **a.** ¿Cuál es su profesión? Somos pintoras. **b.** ¿A qué se dedica usted? Soy cantante.

8 **a.** ¿Dónde vive usted, Carmen? **b.** ¿Cuál es su dirección?

9 **a.** ¿Vivís en México? **b.** No, vivimos en Francia, en París.

10 **a.** ¿En qué número de la calle Almagro vives? **b.** Vivo en el veinticinco.

11 **a.** ¿Qué idiomas habla usted? **b.** ¿Qué tal lee usted el inglés? **c.** ¿Qué tal escribe usted el francés?

12 **a.** ¿Qué idiomas habláis? **b.** ¿Qué tal leéis el inglés? **c.** ¿Qué tal escribís el francés?

13 **a.** Hablo fatal el inglés, pero lo leo muy bien. **b.** Hablo regular el ruso, y lo escribo muy mal. **c.** Hablo mal el portugués, pero lo escribo bien y lo leo fenomenal.

Chapitre 5 : Parler des goûts, des caractères et des humeurs

1 **a.** A Pablo le encantan las manzanas y le gustan los plátanos, pero no le gusta el melón y le horroriza la piña. **b.** A mis hijos les encanta el limón y les gusta el mango, pero no les gustan las cerezas y les horrorizan las ciruelas. **c.** A mí me encanta la sandía y me gustan los melocotones, pero no me gusta la uva y me horrorizan las avellanas. **d.** A nosotros nos encantan las peras y nos gustan los kiwis, pero no nos gusta el coco y nos horrorizan las fresas. **e.** A ti te encantan las naranjas y te gustan las almendras, pero no te gustan los albaricoques y te horrorizan los aguacates.

2 **a.** ¿Le gusta el vino? **b.** ¿Le gustan los perros? **c.** Le encanta el café. **d.** Le horroriza el azúcar.

3 **a.** ¿Os gusta el pan? **b.** ¿Os gustan mis gafas? **c.** No os gustan mis padres. **d.** Os encanta leer.

4 **a.** dan miedo **b.** dan asco **c.** dan pena **d.** da gusto **e.** da vergüenza **f.** da pereza

5 **a.** J'ai peur des gros chiens. **b.** Les cafards ne te dégoûtent pas ? **c.** Les animaux du zoo lui font de la peine. **d.** Ça nous fait plaisir d'avoir des amis. **e.** Vous n'avez pas honte d'avoir les cheveux longs ? **f.** Ils ont la flemme de travailler.

6 **a.** es lista **b.** es mala **c.** es divertido **d.** es valiente **e.** es trabajador

7 **a.** furioso **b.** enfermo **c.** pensativo **d.** preocupado **e.** cansado **f.** sorprendido **g.** decepcionado **h.** contento **i.** enamorado

8 **a.** Estamos preocupadas. **b.** Estás furioso. **c.** Están pensativos. **d.** ¿Está usted decepcionado? **e.** ¿Estáis sorprendidas?

9 **a.** ¿Estás contento? No, estoy enamorado. **b.** ¿Estáis enfermos? No, estamos cansados.

Chapitre 6 : Le verbe et l'action (1)

1 **a.** ¿A qué hora te despiertas por la mañana? **b.** Me despierto a las ocho menos cuarto. **c.** ¿A qué hora se acuesta usted por la noche? **d.** Me acuesto a las doce y media.

2 **a.** ¿Cuántas horas duermes? **b.** ¿A qué hora te duermes?

3 **a.** Nos despertamos a las siete y cuarto. **b.** Desayuno a las ocho. **c.** Comes a las dos menos cuarto. **d.** Cenan a las diez y media. **e.** Se acuesta a las doce menos cuarto. **f.** Os dormís a las doce de la noche.

4 **a.** ¿Adónde vas? **b.** Voy a la fábrica. **c.** ¿A qué hora sales de casa? **d.** Salgo de casa a las ocho. **e.** ¿A qué hora vuelves a casa? **f.** Vuelvo a casa a las siete.

5 **a.** ¿Adónde va usted? **b.** Voy a la oficina. **c.** ¿A qué hora sale usted de casa? **d.** Salgo de casa a las nueve. **e.** ¿A qué hora vuelve usted a casa? **f.** Vuelvo a casa a las seis.

6 **a.** ¿Adónde vais? **b.** Vamos al instituto. **c.** ¿A qué hora salís de casa? **d.** Salimos de casa a las diez. **e.** ¿A qué hora volvéis a casa? **f.** Volvemos a casa a las cinco.

7 **a.** ¿Quién soy? **b.** ¿De dónde vengo? **c.** ¿Adónde voy?

8 **a.** ¿Quiénes somos? **b.** ¿De dónde venimos? **c.** ¿Adónde vamos?

9 **a.** al carnicero. **b.** mi trabajo. **c.** a un escritor español. **d.** mi número de teléfono.

10 **a.** Les doy café. **b.** La veo. **c.** Me lo da. **d.** Le doy mi perro.

11 **a.** ¿Qué están haciendo? **b.** ¿Me estás hablando? **c.** Se está durmiendo. **d.** Me estoy despertando.

12 **a.** Los obreros no están trabajando. Están durmiendo. **b.** El alumno no está leyendo. Está escribiendo. **c.** Yo no estoy desayunando. Estoy comiendo.

Chapitre 7 : le verbe et l'action (2)

1 **a**. Solemos leer libros en español. **b**. Suelen ir al cine. **c**. Suelo hacer deporte por la tarde. **d**. No sueles jugar al balonmano.

2 **a**. Mis amigos nunca nadan por la mañana. **b**. Mis amigos no nadan nunca por la mañana. **c**. Yo nunca juego al baloncesto por la tarde. **d**. Yo no juego nunca al baloncesto por la tarde.

3 **a**. Los lunes, Alicia corre. **b**. Los sábados, Pedro y Alba escuchan música. **c**. Los miércoles, Pedro ve una película. **d**. Los domingos, Alicia y Alba juegan al fútbol.

4 **a**. a menudo / pocas veces **b**. a menudo / de vez en cuando **c**. de vez en cuando / pocas veces

5 **a**. Le pregunto cuál es su dirección / si le gusta la película / dónde vive / el color de sus ojos. **b**. Le pido la mano de su hija / azúcar / cuarenta euros / pan y vino.

6 **a**. sirve **b**. repites **c**. mide **d**. vestimos

7 elijo / eliges / elige / elegimos / elegís / eligen

8 sigo / sigues / sigue / seguimos / seguís / siguen

9 **a**. sigue **b**. Eliges **c**. elijo **d**. ¡Seguimos!

10 **a**. ¿Sigues viendo la película? **b**. ¿Seguís escuchando música? **c**. Seguimos trabajando en Madrid. **d**. Sigo corriendo por la tarde.

11 **a**. Ya no tengo amigos. **b**. Ya no le gusta nadar. **c**. Ya no dormimos por la tarde. **d**. Ya no comen carne.

12 **a**. ¿Sigue lloviendo? **b**. No, ya no llueve. **c**. ¿Sigue nevando? **d**. No, ya no nieva. **e**. ¿Sigue haciendo calor? **f**. No, ya no hace calor. **g**. ¿Sigue haciendo frío? **h**. No, ya no hace frío.

Chapitre 8 : Situer dans l'espace et indiquer la possession

1 **a**. son **b**. son **c**. están **d**. está en **e**. somos / estamos **f**. eres / estás en

2 **a**. del **b**. a **c**. a **d**. al **e**. en **f**. del **g**. al **h**. de **i**. al

3 **1**. cocina **2**. buhardilla **3**. dormitorio **4**. salón **5**. cuarto de baño **6**. comedor

4

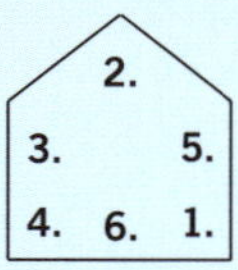

5 **a**. El comedor está en la planta baja, en medio. **b**. El salón está en la planta baja, a la iziquierda. **c**. La cocina está en la planta baja, a la izquierda. **d**. El dormitorio está en la primera planta, a la izquierda. **e**. El cuarto de baño está en la primera planta, a la derecha. **f**. La buhardilla está en la segunda planta.

6 **a**. El gato está detrás de la puerta. **b**. El gato está delante del espejo. **c**. El gato está debajo del sillón. **d**. El gato está al lado de la ventana. **e**. El gato está entre la cama y la silla. **f**. El gato está dentro del frigorífico. **g**. El gato está fuera de la casa. **h**. El gato está encima de la mesa.

7 **a**. Quiero estas ardillas, aquí. **b**. Quiero ese conejo, ahí. **c**. Quiero aquella cotorra, allí.

8 **a**. Quiero esta cotorra, aquí. **b**. Quiero esos gatos, ahí. **c**. Quiero aquellas ardillas, allí.

9 **a**. ¿De quién es este pez rojo, aquí? **b**. ¿De quién son esas tortugas, ahí? **c**. ¿De quién es aquel papagayo, allí?

10 **a**. Es nuestro. **b**. Son suyas. **c**. Es tuyo.

Chapitre 9 : Comparer, exprimer des dates, des grandeurs et des quantités

1 **a**. 646 **b**. 502 **c**. 973 **d**. 890 **e**. 712

2 **a**. Tengo trescientas cincuenta amigas en Facebook. **b**. Tiene ciento veintidós años. **c**. Leo doscientas treinta novelas en un año. **d**. Tienen cuatrocientas sesenta y cinco fotos de su hija.

3 **a**. Brasil tiene doscientos cinco millones seiscientos treinta y ocho mil habitantes. **b**. Indonesia tiene doscientos cincuenta y ocho millones setecientos cinco mil habitantes. **c**. Estados Unidos tiene trescientos veinticuatro millones setecientos cincuenta y siete mil habitantes. **d**. India tiene mil trescientos treinta millones setecientos ochenta y tres mil habitantes. **e**. China tiene mil trescientos setenta y cuatro millones novecientos mil habitantes. **f**. La Tierra tiene siete mil cuatrocientos treinta y dos millones seiscientos sesenta y tres mil habitantes.

4 **a**. El jugador de baloncesto mide dos metros trece. **b**. Un bebé elefante pesa ciento veinte kilos. **c**. La distancia entre la Tierra y la Luna son trescientos ochenta y cuatro mil kilómetros. **d**. Francia tiene una superficie de seiscientos cuarenta y tres mil ochocientos kilómetros cuadrados.

5 **a**. Dos litros de vino. **b**. Tres cuartos de kilo de carne. **c**. Un kilo y medio de pan. **d**. Seiscientos gramos de naranjas. **e**. Medio litro de leche.

6 **a**. ¿Cuánto cuesta este coche? **b**. Cuesta ciento noventa mil euros. **c**. ¿Cuánto cuesta esta manzana? **d**. Cuesta veinticinco céntimos. **e**. ¿Cuánto cuestan estas gafas? **f**. Cuestan ochenta y cinco euros y cincuenta céntimos (ochenta y cinco con cincuenta).

7 **a**. El otoño **b**. diciembre **c**. junio **d**. La primavera

8 **a**. ¿Qué día es? **b**. Hoy es veinticuatro de febrero. **c**. ¿A qué día estamos? **d**. Estamos a trece de noviembre. **e**. ¿Qué día es? **f**. Hoy es quince de agosto. **g**. ¿A qué día estamos? **h**. Estamos a veintinueve de enero.

9 **a**. doce de octubre de mil cuatrocientos noventa y dos **b**. catorce de julio de mil setecientos ochenta y nueve **c**. ocho de mayo de mil novecientos cuarenta y cinco

10 **a**. ~~cerca~~ **b**. ~~cara~~ **c**. ~~lejos~~ **d**. ~~ligero~~ **e**. ~~pesada~~ **f**. ~~barato~~

11 **a**. tanto **b**. tan **c**. tantos **d**. tanta **e**. tantas

Chapitre 10 : Dire ce que l'on sait, ce que l'on sent et ce que l'on pense

1 **a**. No sé quién es. **b**. No sabe quién eres. **c**. ¿Sabe usted quién soy? **d**. ¿Sabéis quiénes son? **e**. ¿Sabes quiénes somos?

2 **a**. No lo conozco. **b**. No te conoce. **c**. ¿Me conoce usted? **d**. ¿Los conocéis? **e**. ¿Nos conoces?

3 **a**. Parece muy listo. **b**. Parecéis tontos. **c**. Parecen cansadas. **d**. Pareces sorprendida. **e**. Parecemos buenos.

4 **a**. Nos parecemos. **b**. Se parecen. **c**. Os parecéis.

5 **a**. Me parezco a mis padres. **b**. No me parezco a Javier. **c**. No te pareces a mis padres. **d**. Te pareces a Javier. **e**. Se parece a mis padres. **f**. No se parece a Javier.

6 **a**. Conduces **b**. conduzco **c**. Conducís **d**. conducimos

7 **a**. Oyes a los cantantes. **b**. Tu entends les chanteurs. **c**. Oigo el teléfono. **d**. J'entends le téléphone. **e**. Oímos la música. **f**. Nous entendons la musique.

8 **a**. Oléis a vino. **b**. Huele usted a perro. **c**. Huelo a café. **d**. Este conejo sabe a gato. **e**. Estas fresas no saben a fresa.

9 **a**. Tengo mucho frío. **b**. Tengo mucho calor. **c**. Tengo mucha hambre. **d**. Tengo mucha sed. **e**. Tengo mucho sueño.

10 **a**. Tengo muchas ganas de comer. **b**. Tengo muchas ganas de beber. **c**. Tengo muchas ganas de dormir.

11 **Pedro** – ¿Qué piensas de las corridas? **Gloria** – Estoy en contra. ¿Y tú? **Pedro** – Estoy a favor. Me parece que los matadores son valientes. **Gloria** – No estoy de acuerdo contigo: ¡creo que son cobardes!

12 **a**. A mí también. **b**. A mí no. **c**. A mí tampoco. **d**. A mí sí. **e**. Yo también. **f**. Yo no. **g**. Yo tampoco. **h**. Yo sí.

Chapitre 11 : L'interrogation, l'affirmation et la négation, l'exclamation

1 **a**. ¿Cuántas horas dormís al día? **b**. ¿Qué sueles desayunar? **c**. ¿Cuál es tu fruta preferida? **d**. ¿Con quién sales los sábados? **e**. ¿Cuándo os gusta ir a España?

2 **a**. No saben de dónde somos. **b**. Me pregunto cómo está. **c**. Sé quiénes son sus amigos. **d**. Se pregunta cuánto cuesta. **e**. No veo cuándo voy a poder ir a España.

3 **a**. por qué ; por qué; Porque **b**. por qué; por qué; porque

4 **a**. ¡Por supuesto que no! **b**. ¡En absoluto! **c**. ¡De ninguna manera!

5 **a**. Hoy tampoco va a llover. **b**. Hoy no va a llover tampoco. **c**. Aquí nunca hace frío. **d**. Aquí no hace nunca frío.

6 **a**. nada. / Je ne sais rien. **b**. Nadie / Personne ne dîne dans la salle de bains. **c**. nada. / Je ne veux rien. **d**. Nadie / Personne ne me croit. **e**. nadie. / Il n'écoute personne. **f**. nada / Je ne suis pas du tout content. **g**. nada. / Il ne pleut pas du tout. **h**. Nadie / Personne ne m'écoute.

7 **a**. algo / Tu dis quelque chose ? **b**. alguien / Quelqu'un aime ce film ? **c**. algo / Tu vas manger quelque chose ? **d**. algo / Tu vois quelque chose ? **e**. alguien. / Je sors avec quelqu'un. **f**. Alguien / Quelqu'un a soif ? **g**. Alguien / Quelqu'un n'est pas d'accord ? **h**. algo / Il pleut un peu.

8 **a**. ¿A ninguna de vosotras le gustan los grandes almacenes? **b**. ¿No le gustan los grandes almacenes a ninguna de vosotras? **c**. No, ninguno me gusta. **d**. No, no me gusta ninguno.

9 **a**. ¿Hay alguna carnicería en esta calle? **b**. No, no hay ninguna. **c**. ¿Hay algún supermercado por aquí? **d**. No, no hay ninguno.

10 **a**. A ninguna mujer le horroriza una zapatería. **b**. Algunos grandes almacenes son tristes. **c**. Algunas pescaderías huelen mal. **d**. No hay ningún mercado cerca de casa. **e**. ¿Conoce algún centro comercial cerca de aquí? **f**. ¿Sabes la dirección de alguna buena frutería?

11 **a**. ¡Qué falda más corta! **b**. ¡.Qué vestido más largo! **c**. ¡Qué pantalón más estrecho! **d**. ¡Qué camiseta más ancha!

12 **a**. Cuánto **b**. Qué **c**. Cuántos **d**. Qué **e**. Cómo

13 **a**. ¡Qué bien me quedan estos zapatos! **b**. ¡Cuánto gastas en vaqueros! **c**. ¡Cuántas deportivas tiene mi hermano! **d**. ¡Qué chándal más feo tiene Juan! **e**. ¡Comó me gusta tu cazadora!

Chapitre 12 : Exprimer un souhait, faire une demande, donner un conseil

1 **a**. ¡Salud! **b**. ¡Buen viaje! **c**. ¡Feliz Navidad! **d**. ¡Feliz cumpleaños! **e**. ¡Buen provecho! **f**. ¡Feliz año!

2 **a**. Te deseo mucha suerte. **b**. Te deseamos muchas felicidades.

3 **a**. Te doy mi enhorabuena. **b**. Le damos la bienvenida.

4

escribir	leer	hablar
escriba	lea	hable
escribas		hables
escriba	lea	hable
escribamos	leamos	
	leáis	habléis
escriban	lean	hablen

5 **a**. ~~llamamos~~ **b**. ~~corres~~ **c**. ~~escuchas~~ **d**. ~~gastáis~~ **e**. ~~creen~~ **f**. ~~subimos~~ **g**. ~~vivís~~

6 **a**. No creo que sigan viviendo en Madrid. **b**. No pienso que mida más de dos metros. **c**. No me parece que tengáis hambre.

7 **a**. Me da miedo que conduzcas una moto. **b**. A tu padre no le gusta que salgas con esa chica. **c**. Me da asco que comas con las manos. **d**. Me da vergüenza que mi abuelo vista vaqueros. **e**. Nos da gusto que vengan. **f**. Me da pena que mi abuela no me oiga.

8 **a**. traduzco **b**. eliges **c**. dices **d**. traduzca **e**. elijas **f**. digas

9 **a**. Je lui dis qu'il dort beaucoup. **b**. Je lui dis de dormir beaucoup. **c**. Ma femme me dit que je me réveille à six heures. **d**. Ma femme me dit de me réveiller à six heures.

10 **a**. visites Francia. **b**. vayas a Grecia. **c**. veas Italia. **d**. estéis unos días en Alemania. **e**. viváis un año en Portugal. **f**. conozcáis Inglaterra.

11 **a**. sepan **b**. sé **c**. seamos **d**. somos

Chapitre 13 : Donner des instructions et interdire

1 **a**. ¡A cenar! **b**. ¡A jugar! **c**. ¡A dormir! **d**. ¡A trabajar!

2

	leer	subir	jugar
desayuna		sube	
desayunad	leed		jugad

	conducir	oír	
vuelve	conduce		elige
volved		oíd	elegid

3 **a.** Lee **b.** desayunad **c.** jugad **d.** conduce **e.** Sube **f.** volved **g.** Elige **h.** oíd

4 **a.** ¡Sal con tus amigos! **b.** ¡Id a visitar el Prado! **c.** ¡Haz tu cama! **d.** ¡Poned las sillas en el salón! **e.** ¡Ven a casa a cenar! **f.** ¡Sed buenos! **g.** ¡Ten siempre café en casa! **h.** ¡Decid lo que pensáis!

5 **a.** Recoge los platos. **b.** Lava las cucharas. **c.** Pon el mantel. **d.** Ten la servilleta.

6 **a.** Recógelos. **b.** Lávalas. **c.** Ponlo. **d.** Tenla.

7 **a.** Pásame los cubiertos. **b.** Pásamelos. **c.** Pásale el cuchillo. **d.** Pásaselo. **e.** Pásanos los vasos. **f.** Pásanoslos. **g.** Pásales el tenedor. **h.** Pásaselo.

8 **a.** ¡Dormíos! **b.** ¡Despertaos! **c.** ¡Acostaos!

9 **a.** ¡Despertémonos! **b.** ¡Pongamos la mesa! **c.** ¡Cenemos! **d.** ¡Acostémonos!

10 **a.** ¡No duermas! **b.** ¡No cantéis! **c.** ¡No hagas tu trabajo! **d.** ¡No vayas a esa fiesta!

11 **a.** ¡Venga a verme! **b.** ¡Dime! **c.** ¡Sean buenos! **d.** ¡Aprended español!

12 1/E 2/G 3/F 4/D 5/A 6/H 7/C 8/B

13 **a.** Pela **b.** Corta **c.** Fríe **d.** Escúrrelas **e.** Bate **f.** Sala **g.** Añade **h.** Cubre **i.** Echa **j.** Mueve **k.** Cuaja **l.** Dale la vuelta **m.** Sirve **n.** Degusta

14 **a.** Pele **b.** Corte **c.** Fría **d.** Escúrralas **e.** Bata **f.** Sale **g.** Añada **h.** Cubra **i.** Eche **j.** Mueva **k.** Cuaje **l.** Dele la vuelta **m.** Sirva **n.** Deguste

Chapitre 14 : S'exprimer au passé (1)

1 pensar, pensabas, pensábamos, pensabais, pensaban / leer, leía, leía, leíamos, leíais / moverse, me movía, te movías, se movía, nos movíamos / me acostaba, te acostabas, se acostaba, nos acostábamos, os acostabais, se acostaban

2 querías / era / Escribíamos / carta / bolígrafo / íbamos / comprábamos / sobre / sello / echábamos / buzón / mandas / móvil / Dejamos / papel / encantan / pantallas / daba / recibía / postal

3 ~~corremos~~ / ~~laváis~~ / ~~penséis~~ / ~~volvemos~~ / ~~descubrís~~ / ~~corre~~ / ~~piensas~~

4 **a.** salgo **b.** salí **c.** te acostaste **d.** me acuesto **e.** jugó **f.** juega **g.** recogen **h.** recogieron

5 **a.** descubrió **b.** Sabía / era **c.** pensó estaba **d.** llamó

6 **a.** ¿Has salido esta mañana? **b.** Hemos ido a España. **c.** He venido a verte. **d.** ¿Quién ha pedido pescado?

7 **a.** He dormido demasiado. **b.** Habéis trabajado mucho. **c.** Has bebido bastante. **d.** Han gastado poco.

8 **a.** ha visto **b.** he cubierto **c.** han puesto **d.** Habéis escrito **e.** ha dicho **f.** Has vuelto **g.** Hemos hecho

Chapitre 15 : S'exprimer au passé (2)

1

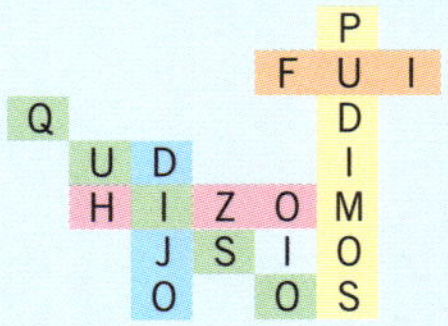

2 **a.** fui (ser ou ir) **b.** hizo (hacer) **c.** dijo (decir) **d.** pudimos (poder) **e.** quiso (querer)

3 **a.** fui **b.** dijo **c.** pudimos **d.** hizo **e.** quiso

4 **a.** estuve **b.** Fueron **c.** fui **d.** Estuvimos

5 **a.** Ayer puse la mesa. **b.** Colón nunca supo que estaba en América. **c.** Mis abuelos tuvieron cuatro hijos. **d.** ¿Por qué no vinisteis por mi cumpleaños?

6 **a.** ¿Por qué me mentiste? **b.** Siempre preferí el Sur al Norte. **c.** Cristóbal Colón murió en 1506. **d.** Seguimos este coche durante una hora. **e.** ¿Cuándo elegisteis a vuestro presidente? **f.** Algunos amigos míos prefirieron no votar.

7 **a.** ¿Durmió usted bien anoche, señor? **b.** ¿Te sirvió este libro? **c.** ¿Qué ropa vestiste ayer? **d.** No me pidieron dinero.

8 **a.** Je me suis introduit dans la maison. **b.** Il n'a rien produit. **c.** Vous avez traduit ce roman. **d.** Vous conduisez trop vite.

9 **a.** leí **b.** leíste / escribí **c.** oyó **d.** oí **e.** dieron **f.** dio

10 **a.** ha robado **b.** volvía ; chocó **c.** cayó **d.** insistió / se despidió **e.** me di cuenta ; tenía **f.** Era / llevaba / decía

Chapitre 16 : Envisager l'avenir et l'irréel

1 **a.** Este año haremos deporte. **b.** Correré una hora por día. **c.** Perderéis peso. **d.** No beberás alcohol. **e.** No se acostarán tan tarde. **f.** Mi vida será diferente.

2 **a.** ¿Vas a venir a verme un día? **b.** Nunca se va a poner esa camisa. **c.** No vais a decir nada, ¿de acuerdo? **d.** No va a querer contártelo. **e.** ¿Va a coger usted el tren de las cuatro? **f.** Vamos a ver si es posible.

3 **a.** Mañana la escribiré. **b.** El año que viene las sabremos. **c.** Volverán dentro de dos semanas. **d.** Pasado mañana lo veré. **e.** Pronto se lo diremos. **f.** El lunes próximo saldrá. **g.** El verano próximo los tendré.

4 **a.** Cuando tengas ganas, dímelo. **b.** No sé a qué hora saldré. **c.** Haz lo que quieras. **d.** Cuando lo veas, pregúntale. **e.** Me pregunto cuándo vendrá. **f.** Haré lo que digas.

5 **a.** Cuando te despiertes, llámame. **b.** Cuando estén en casa, dímelo. **c.** ¿Sabes a qué hora cenaremos? **d.** Cenaremos cuando podamos.

6 **a.** Cuando lo conozca bien, podré hablarte de él. **b.** Cuando haga buen tiempo, saldremos a pasear. **c.** Cuando tenga tiempo, leeré más libros. **d.** Cuando vayáis a España, hablaréis mejor español.

7 **a.** Pensaba que estaría contento de verte. **b.** ¿Creías que no me diría nada? **c.** Me preguntaba si comerías con nosotros. **d.** Me decía que siempre sería el bienvenido. **e.** Sabía que llovería.

8 **a.** Pienso que estará contento de verte. **b.** ¿Crees que no me dirá nada? **c.** Me pregunto si comerás con nosotros. **d.** Me dice que siempre seré el bienvenido. **e.** Sé que lloverá.

9 **a.** Si me quieres, lo harás **b.** Si me quisieras, lo harías. **c.** Si lo haces, estaré contenta. **d.** Si lo hicieras, estaría contenta. **e.** Si nieva, iremos a Sierra Nevada. **f.** Si nevara, iríamos a Sierra Nevada. **g.** Si vamos a Sierra Nevada, veremos también Granada. **h.** Si fuéramos a Sierra Nevada, veríamos también Granada.

10 **a.** Si me tocara la lotería, no sabría qué hacer con el dinero. **b.** Si tuviera millones, la gente vendría a pedirme. **c.** Si fuera rico, ¿sería más feliz?

11 **a.** Si me hubieras querido, lo habrías hecho. **b.** Si lo hubiera visto, te lo habría dicho. **c.** Si le hubiéramos escrito, se habría puesto contento. **d.** Si hubierais hecho deporte, habríais perdido peso.

12 **a.** Si Colón no hubiera sido buen marinero, no habría descubierto América. **b.** Si hubieras salido antes de casa, no habrías perdido el tren. **c.** Si hubierais sido prudentes, no habríais tenido un accidente. **d.** Si me hubiera tocado la lotería, no habría vuelto al trabajo.

Crédits iconographiques
Couverture : MédiaSabarcane
Intérieur : Shutterstock : 32 pixels : 44h, 61hd; 6gasix : 41h; A-R-T : 4h; abeadev : 72b; ADE2013 : 21h; AlbertBuchatskyy : 11 exo2-B1; Aleutie : 10h, 51d, 107b; Alex Gorka : 19h; Alexander Ryabintsev : 60mg; alexandrovskyi : 59b; alexokokok : 44b, 89h; Alfonso de Tomas : 23m ; Aliaksei_7799 : 22m; Amplion : 91h, 105b; Andres Moncayo : 5b; andriano.cz : 16 exo 10-f-drapeau; Angkrit : 46hd; Aniwhite : 3 ; Anna Kucherova : 32; Annasunny24 : 11 exo 2-C2; arbit : 11 exo 2-A1, C1, C3, 70hm; Artisticco : 12md; asantosg : 30 exo 12, 30 exo 13; ashva : 97b; AVS-Images : 18 exo 2; Axsimen : 32; Banana vector 61mg; Barmaleeva : 89h, 91m; Basil Frash : 93d, 93g; Beresnev : 12mg, 12bg; beta757 : 101b; bioraven : 11 exo 2-A3; Blueguy : 90, 110b; BoBaa22 : 33b, 111b; BOLDG : 24hg; Bplanet : 28b; Bukhavets Mikhail : 112m; Business stock : 48b; Chernoskutov Mikhail : 47h; COCOart : 14b; Comodo777 : 101h; Creatarka : 24b, 97h; Crystal Eye Studio : 75hd; Dark ink : 76d; Delices : 13 exo 4-e, 47mg, 60m, 64md, 72m; deviyanthi79 : 64hg; Dima Groshev : 9hg ; djdarkflower : 60mh; Dooder : 84b; EgudinKa : 67mg; ElkhatiebVector : 104b; Ellagrin : 100b; Ellegant : 9b; Eloku : 17b; eveleen : 26 ; Evellean : 17h; feelplus : 22b, 23g, 23d; FielDGood : 103m; forden : 27b; Fotinia : 88h; Fred Ho : 43 exo 12-hd, 45b, 67bg, 67m, 86m; GoodVector : 75md, 75b; graphicsdunia4you : 89b; grmarc : 13b, 89h, 108h; grynold : 67hg; gst : 13 exo 4-d, 60mb, 63bd, 91b; Gurza : 53m; happymay : 13 exo 4-b, 18h; HieroGraphic : 13 exo 4-f; Huza : 45m; Iconic Bestiary : 19b; imnoom : 61md; Incomible : 11 exo 2-B3, 30bg, 30 bd, 46mg, 59hd, 74m, 74b, 79h; Inni : 104hd; Irina Strelnikova : 104mg; Iriskana : 104md; Iurii Augulis : 21m; Jaaak : 49h; jabkitticha : 36m, 36b; jesadaphorn : 7, 36h, 39h, 39m, 46hm, 52m, 52md, 59hg, 59mg, 59md, 69h, 70b, 74h, 84h, 110h; Jiri Perina : 79b; Julia Tim : 10b, 21 exo 10, 41b, 46b, 56mg, 56bg, 86h; Julia-art 64hd; Julie A. Felton : 70hg; Kanate : 49md; KannaA : 85h; karawan : 113m; KissBeetle : 68h; kizkulesi : 89h; kmlmtz66 : 18b, 54b; koMinx : 81b; Laralova : 11 exo 2-B2; Lavandaart : 51g; lian_2011 : 54m, 55m; Lilanakani : 106b; Lindarks : 105h; Lindwa : 45h; liskus : 33h; Little Bride : 61m; Liudmila Dobraya : 13 exo 4-c; LolaBek : 78b; los_ojos_pardos : 108b; Loveshop : 85h; Lucky Team Studio : 57b; Lyudmyla Kharlamova : 25m; Macrovector : 8, 11 exo 2-A2, 28h, 29m, 32, 37hd; 39b, 42m, 43 exo 12-hg, mg, md, bg, bd, 49b, 56m, 56bd, 60hd, 73, 76hg, 76b, 77b, 80hg, 87, 98h, 106h, 113hd; majivecka : 100h; manop : 37hg; Maquiladora : 56md, 57hd, 57g; mari.nl : 92; Maria Starus : 37b; Marish : 47md, 47b, 94h; mart : 11h, 60bg; Marza : 33m, 34h; Mascha Tace : 70hd; MatiasDelCarmine : 69b; Max Griboedov : 110m, 111h; Meilun : 31b, 61bg; melissa held : 94b; Merfin : 28 exo 6-a; MG5919 : 16 exo 10-b-drapeau; mhatzapa : 12hd; Miceking : 85h; Michele Paccione : 4b; Millena : 55 bm; milo827 : 22h ; mirrra3 : 113b; Miuky : 55md; moonkin : 68md; MSSA : 40m, 56bm; MuchMania :67mg; Mushakesa : 32; mything : 32; nasrin waesalaeh : 16 exo 10-d-drapeau; Natalia Toropova : 50g; NGvozdeva : 6b, 42h, 83g, 112md; Nikita Chisnikov : 63bd; nikiteev_konstantin : 62hd; NokHoOkNoi : 55bd; Noppasin : 24hd; NotionPic : 28 exo 7-a, 29b, 98b; Nowik Sylwia : 25b; Nychytalyuk : 55bg; oculo : 24hm; Olga1818 : 16 exo 10-a, b, c, d, e, f, g, h, 27h, 80hm, 80hd, 80m, 80b, 102h, 102m; olillia : 40b; openeyed : 49mg; Orfeev : 20; Orgus88 : 101m; OSIPOVEV : 104m; Osiv : 55 hg; Oxy_gen : 13 exo 4-a; palasha : 46md; Pan JJ : 64b; patpat : 65b; Paul Stringer : 16 exo 10-g-drapeau; Petrovic Igor : 67md; phatymak›s studio : 52hg, 52hd; phipatbig : 86b; phloxii : 14m; Photoroyalty : 83hd; Piotr Przyluski : 16 exo 10a-drapeau; pluie_r : 68bm; PODIS : 60hg; Pretty Vectors : 112b, 81h, 96m; Pro_Vector : 48m; red rose : 78h; Reljic Aleksandra : 52bg; Rimma Rii : 68b; Romashechka : 48h; Rvector : 85h; Saiana : 14h; sayhmog : 88b; Sbitneva Nina : 62h; schab : 12 bd; Sentavio : 5h, 13hd, 31h; She : 77g; sir_Enity : 15b, 82hd; SkyPics Studio : 71; Slipchenko Nina : 85h; Smart Design 85b; snegok13 : 58; Spreadthesign : 34m, 62hg, 62md; SS Stock Studio 9999 : 16 exo 10-c-drapeau; stefanolunardi : 60b; Stella Levi : 43h; SThom : 15h, 67bd, 85h; Stmool : 35h; Stocklifemax : 103b; Stocklifemax : 55hm, 65hd, 96h; Studio_G : 44m; Tomacco : 6h, 93m; Tomnamon : 70m; Top Vector Studio : 81m; Treetops Interactive : 57md; vasabii : 65hg; Vector Bakery : 102b; venimo : 103h; Vetreno : 96b; Visual Generation : 32b, 46 mm, 66, 82hg, 82b, 109b; Vlada Young : 26; Voin_Sveta : 12hg; Waehasman Waedarase : 16 exo 10-e-drapeau; warawiri : 112mg; WWWoronin : 9hd; Yoko Design : 54hd, 55hd; Yuzach : 50h; Zakharchenko Anna : 56hd, 56g; Zentangle : 107h, 109h, 109m; Zubada : 53hg, 53hd, 53bg, 53bd. Fotolia : eyewave : 50d DR : 16 exo 10-e, 28 exo 6-b, 28 exo 67-b, 29hg, 29hd; 34b, 35b, 38, 40h

TABLEAU D'AUTOÉVALUATION

Bravo, vous êtes venu à bout de ce cahier ! Il est temps à présent de faire le point sur vos compétences et de comptabiliser les icônes afin de procéder à l'évaluation finale. Reportez le sous-total de chaque chapitre dans les cases ci-dessous puis additionnez-les afin d'obtenir le nombre final d'icônes dans chaque couleur. Puis découvrez vos résultats !

Chapitre	🙂	😐	☹
1. Prononcer l'espagnol			
2. Accorder les mots			
3. Poser des questions et y répondre			
4. Présenter une personne			
5. Parler des goûts, des caractères et des humeurs			
6. Le verbe et l'action (1)			
7. Le verbe et l'action (2)			
8. Situer dans l'espace et indiquer la possession			
9. Comparer, exprimer des dates, des grandeurs et des quantités			
10. Dire ce que l'on sait, ce que l'on sent et ce que l'on pense			
11. L'interrogation, l'affirmation et la négation, l'exclamation			
12. Exprimer un souhait, faire une demande, donner un conseil			
13. Donner des instructions et interdire			
14. S'exprimer au passé (1)			
15. S'exprimer au passé (2)			
16. Envisager l'avenir et l'irréel			

	🙂	😐	☹
Total, tous chapitres confondus			

Vous avez obtenu une majorité de...

🙂 **¡Matrícula de honor!**
Vous maîtrisez maintenant les bases de l'espagnol, vous êtes fin prêt pour passer au niveau 2 !

😐 **No está mal...**
Mais vous pouvez encore progresser... Refaites les exercices qui vous ont donné du fil à retordre en jetant un coup d'œil aux leçons !

☹ **¡Ánimo!**
Vous êtes un peu rouillé... Reprenez l'ensemble de l'ouvrage en relisant bien les leçons avant de refaire les exercices.

Conception graphique : MediaSarbacane
Mise en pages : Aurélia Monnier pour Céladon éditions
Réalisation : Céladon éditions, www.celadoneditions.com

Dépôt légal : février 2017
N° d'édition : 4326 - Mars 2024
ISBN : 978-2-7005-0991-5
www.assimil.com
Imprimé en Roumanie par Master Print